EXPUGNATIONIS HIEROSOLYMAE A. D. 614

RECENSIONES ARABICAE

CORPUS

SCRIPTORUM CHRISTIANORUM ORIENTALIUM

EDITUM CONSILIO

UNIVERSITATIS CATHOLICAE AMERICAE

ET UNIVERSITATIS CATHOLICAE LOVANIENSIS

Vol. 341

SCRIPTORES ARABICI

TOMUS 27

EXPUGNATIONIS HIEROSOLYMAE A. D. 614

RECENSIONES ARABICAE

I : A et B

TRANSLATAE A

GERARDO GARITTE

LOUVAIN

SECRÉTARIAT DU CORPUSSCO

WAVERSEBAAN, 49

1953

Imprimerie Orientaliste, s.p.r.l., Louvain (Belgique)

D/1973/0602/11

INTRODUCTIO

Hierosolymae Expugnationis textus arabici quorum versio latina hic proponitur e sequentibus codicibus manant qui in altero tomo huius operis fusius sunt descripti :

A : cod. Sinaiticus arab. 428, saeculi X^1, fol. 438r-489v ;
B : cod. Sinaiticus arab. 520, saeculi X^1, fol. 199r-265v ;
C : cod. Sinaiticus arab. 531, A.D. 1231-1232, fol. 277v-340v ;
V : cod. Vaticanus arab. 697, A.D. 1328, fol. 59v-97v.

Versio stricte ad litteram concinnata est, omni sollicitudine posthabita elegantiorem latinitatem ostentandi ; ordinem etiam vocabulorum quo arabica exemplaria utuntur, quantum fieri potuit, observavit ; quippe quae ad nihil aliud spectaret nisi ut lectoribus litterarum arabicarum minus peritis fida certaque vicaria praesto esset textuum primigeniorum.

Loci quorum in duabus aut pluribus recensionibus arabicis sermo unus atque idem est, etiam in versionibus aequi prodeunt, ita ut et ad collationem variarum recensionum arabicarum versio latina adhiberi possit.

Versionem singularum recensionum, sicut textus arabicos ipsos, in eadem capitula et paragraphos divisi quae in editionem recensionis ibericae [1] olim introduxi, quo mutua comparatio tum recensionum arabicarum invicem, tum harum cum iberica facilior fieret.

De origine et relationibus recensionum arabicarum, versionis ibericae ac fragmentorum graecorum et armeniacorum, de quaestionibus tum historicis tum litterariis ex his textibus exsistentibus alibi disceptare spero fore ut possim.

In notis, praeter sigla codicum supra indicata, his abbreviationibus utor :

BLAU = J. BLAU, *A Grammar of Christian Arabic Based Mainly on South-Palestinian Texts from the First Millennium* (CSCO 267, 276 et 279, Subs. 27, 28 et 29), Lovanii, 1966, 1967 et 1967. Cum trium tomorum paginae numeratione continua signentur, paginarum numerum tantum (sine numero tomi) indico.

(cit.) : in notis recensionis B, significat locum textus B ad quem nota pertinet citatum esse in BLAU, pagina ante notam « (cit.) » indicata.

---

[1] G. GARITTE, *La Prise de Jérusalem par les Perses en 614* (CSCO 202 et 203, Iber. 11 et 12), Lovanii, 1960.

GRAF = G. GRAF, *Der Sprachgebrauch der ältesten* (sic) *christlich-arabischen Literatur. Ein Beitrag zur Geschichte des Vulgär-Arabisch,* Lipsiae, 1905.

V., v. = vide.

TEXTUS A (SIN. AR. 428)

In nomine Patris et Filii et Spiritus Sancti, Dei unici. Hic (est) sermo [1] monachi qui dicitur anba Eustratius (*'sṭr'ṭ*), sanctus qui erat habitans in monasterio sancti mār Sabae benedicti; dixit eum de devastatione Hierosolymae et de captura crucis Christi et de praedatione vasorum ecclesiarum et de captivitate gregis et captivitate Zachariae patriarchae (*bṭryrk*) sancti qui erat patriarcha (*bṭryrk*) super Ierusalem, et de Persis inimicis eorum qui vastaverunt Ierusalem.

I. 1 O dilecti Christi, o fratres, ego volo imitari Matthaeum auctorem evangelii et praeconem verbi Dei et auctorem evangelii mundi in quo est omnis laetitia et omne gaudium et in quo est verbum Dei; ita vocavit hic monachus [1] voce pulchra et dixit : « Hic est liber nativitatis Iesu Christi filii David, filii Abraham » [2]. **2** Sed, o fratres, non sicut ille, sed diverse (loquor), nam non narro vobis laetitiam et gaudium; non voco vos ad laetitiam, sed voco vos ad tristitiam. **3** Dolete, o fratres, dolete, quia anima mea hodie tristis est e multitudine fletus; condonate mihi quia desidero incipere sermonem meum hunc et verbum Matthaei evangelistae [3] commutare vobis et dicere : « Hic liber est de devastatione Hierosolymae, civitatis Iesu Christi filii David, filii Abraham ». **4** Hunc librum dico de captivitate crucis benedictae; dico hunc librum de devastatione ecclesiarum civitatis Dei Ierusalem, civitatis Iesu Christi filii David, filii Abraham; hunc librum dico de occisione gregis Christi filii David, filii Abraham; hunc librum dico de vulneribus Iesu Christi filii David, filii Abraham. Cur nunc sit primum initium sermonis mei multitudine (verborum) et multiplicem super vos verbum, o auditores ? Sed ego dicam breviter hoc quod incepi. Hic liber congregatio (est) rerum adversarum de grege Christi filii David, filii Abraham. **5** Et quomodo nominem hunc librum meum ? Sed hic (potius est) omnium qui audient eum. Non nominabo eum codicem, sed nominabo eum tristitiam; non nominabo eum librum, sed nominabo eum captivitatem; non nominabo eum epistulam, sed nominabo eum lamentatio-

---

Tit. [1] *Litt.* e sermone; v. W. HEFFENING, in *Oriens Christianus*, 24 (1927), p. 108, n. 1; G. GARITTE, in *Le Muséon*, 82 (1969), p. 156, n. 1.

I. [1] *Sic* ABC; cfr iber. *ille beatus evangelista clamavit.* — [2] *Matth.*, I, 1. — [3] evangelii *sic* A.

nem; non nominabo eum laetitiam, sed nominabo eum tristitiam; non nominabo eum gaudium, sed nominabo eum gemitum. **6** Et ille convertet animam quae audiet eum voce et faciet eam obstupefactam, et eruditio doctorum divulgabitur et pronuntiabitur super omnes qui audient eum. **7** O fratres, quomodo factus est mundus divisus? Quomodo factae sunt ecclesiae Christi ruinae? Quomodo facta sunt altaria Dei stationes hostibus? Quomodo factum est solatium spiritale lamentatio? Quomodo devenit Ierusalem, cuius interpretatio (est) « spectaculum bonitatis », in devastationem et tristitiam? Sed, o dilecti mei, condonate mihi, o auditores, ut incipiam vobis (loqui) de omni civitate et devastatione eius; notificabo vobis quia Persae Babylonii sunt qui vastaverunt has civitates, et incipiam vobis a civitate Iesu Christi Ierusalem et devastatione eius. Sed priusquam incipiam hunc sermonem (quia non digni sumus, nos pauperes, nam sicut bestiae sumus), ego narrabo vobis quod accidit christianis. **8** Sed ego peto a vobis ut multiplicetis pro me orationem, ut det Deus mihi pauperi verbum et aperiat os meum, quia timeo et nescio quomodo narrem hanc rem quae superat potentiam et mentem meam, scilicet hoc mare profundum (et) magnum; et timeo ne immergar in eo sicut qui non bene scit natare in medio abyssi huius maris, et nequeam narrare hanc rem quam incepi; timeo ne fiam exprobratio multis et dicant: « Hic est homo superbus, qui non novit infirmitatem potentiae suae et paucitatem sapientiae suae; quomodo suscepit hanc rem, et quomodo audax factus est in huiusmodi sermonem? ». **9** Sed ne contingat nobis hoc totum, dicamus et nos sicut graves lingua (*litt.* linguis) cum propheta David hoc verbum quod dixit: « O Domine, aperi os meum, et os meum narrabit gloriam tuam » [4]. Tum incipiam hunc sermonem et rogabo Verbum Dei ut donet mihi verbum et ut aperiat per illud os meum; nam Deus est qui dat omne donum pulchrum et datum bonum perfectum [5] iis qui credunt in eum, et nobis etiam modicae sapientiae. **10** Non quidem digni sumus illa (re), sed rogamus sicut servi fideles a domino bono et petimus ab illo potentiam et (ut) donet nobis potentiam et verbum et adiuvet nos in hoc quod incepimus. Nam vos scitis quia utilitas non pauca immittetur in eos qui audient hunc sermonem. **11** Nam nos non incipiemus a cogitatione mala neque a sapientia terrestri neque ab eloquentia corporali, sed ab humiliatione et fletu et gemitu; incipiemus ab hoc malo quod fuit in Ierusalem e castigatione; sed nos digni sumus cum castigat nos Deus

---

[4] *Ps.* L, 17. — [5] Cfr *Iac.*, I, 17.

misericordia sua. **12** Nam ego nunc, o fratres, non fleo super civitatem unam, nec super templum unum, et non fleo super locum humilem; non fleo super exercitum paganum; non fleo super regem terrestrem; non fleo super patres humiles, sed fleo super illum qui terram habet in pugno suo. **13** Non fleo super templum Iudaeorum; non fleo super templum de quo lamentatus est Ieremias propheta; non fleo super arcam in qua erat virga et manna et tabula quam scripsit Deus digito suo et quam confregit Moyses propter paucitatem fidei filiorum Israel qui acceperunt eam; non fleo super muros deauratos; non fleo super lapides sculptos; non fleo super portas pretiosas; non fleo super porticus ('*sṭw'na*) altos; non fleo super columnas e margaritis. **14** Non fleo super sacerdotes qui interficiebant prophetas; non fleo super illos qui crucifixerunt Iesum Christum; non fleo super congregationem stultam et insipientem; non fleo super illos qui clamabant : « Tollite, crucifigite ⁶ Iesum Christum », qui reddiderunt ei, pro manna potum-dederunt ei acetum et fel, et pro virga quae divisit mare transfixerunt eum hasta. **15** Sed, o fratres, illi digni erant eo quod evenit illis. Non fleo super quod erat in lege (*n'mws*), nam affecti sumus per illud; sed fleo super donum spiritale. **16** Non fleo super eos qui erant in figuris, sed super eos qui erant in veritate (*litt.* super veritatem); non fleo super eos qui erant in malo, sed super eos qui erant in rectitudine (*litt.* super rectitudinem). **17** O fratres, ne aestimetis me hominem eloquentem; ego fleo super multitudinem sermonis mei in hac die et (super) eos qui audient sermonem meum, qui plenus est tristitia et fletu, quod dixit Deus per os Ieremiae prophetae qui locutus est de hac congregatione : « Nam si auditis colloquia tristia, festinatis ad ea; tum convertimini et paenitentiam agitis cum fletu » ⁷. **18** Ego autem incipiam a verbo in quo sunt utilitates pro multis, sicut dixerunt sapientes : « Vade ad domum tristitiae, et non ad domum potationis » ⁸. **19** Sed decet nos et praesertim qui peccaverunt ut fleant fletum magis quam risum; dixit Christus : « Beati qui flent, nam illi consolabuntur » ⁹ **20** Et ita decet nos ut explicemus hanc tristitiam quae advenit super nos; nam non narramus vobis rem absconditam, sed (rem) quae dicta est in toto mundo, et quae conspexistis omnes miracula et signa, ut incipiamus abhinc ab ea quae accidit ecclesiis Dei et locis eius sanctis devastatione.

II. 1 Zacharias quidem patriarcha (*bṭryrk*) benedictus, patriarcha (*bṭryrk*) Hierosolymae civitatis Dei, cum esset super gregem, **2-3** ad-

---

⁶ tollite eum, crucifigite eum A. — ⁷ *Ubi* ? — ⁸ *Eccl.*, VII, 2. — ⁹ *Matth.*, V, 4.

venerunt homines qui dicebantur Virides et Caerulei in hanc civitatem sanctam; et illud factum est per laqueos diaboli. **4** Et erant pleni omni afflictione, (et) non contenti erant plagis et praedatione tantum, sed et in sanguinibus et occisione erant permanentes in hac re omnes qui erant in Ierusalem. **5** Nam Ezechiel (*ḥzqy'*) prophetavit de hoc quod fuit in hac civitate dicens : « O fili hominis, dic Hierosolymae quia malum quod est in ea permanens est; ita dicit Dominus : Coronam misericordiae posui super caput tuum et feci te reginam, et exivit nomen tuum in omnes gentes et erat gloria tua in pulchritudine tua; et sumpsisti de vestimentis tuis et disposuisti tibi idola consuta et fornicata es in eis; et sumpsisti filios tuos quos generasti mihi et fecisti eos victimam in perditionem, et excessisti in multitudine fornicationis; propter hoc tradidit te Deus in manus inimicorum, dixit Dominus » [1]. **6** Et ne putetis, o fratres, quia Dominus tantum dixit hoc de idolis, sed de hominibus habitantibus Viridibus et Caeruleis, incolis in Ierusalem; propter hoc tradita est devastationi et iacta est in manus inimicorum, quando [2] multiplicatum est malum Viridium et Caeruleorum incolarum in Ierusalem et multiplicata sunt tumultus et fornicatio et lascivia. **7** Et non erat timor nec metus Dei in cordibus eorum, sed congregatio eorum devenit ad malum, et abiecerunt a se beneficentiam (*litt.* actionem boni); tum devenerunt in mendacium et odium. **8** Tunc iudex bonus, qui non vult perditionem peccatorum, sed diligit conversionem et vitam eorum [3], sicut virgam disciplinae immisit ad nos et dominosfecit super nos gentes quae dicuntur Persae.

III. 1 Et advenerunt cum potentia magna et comprehenderunt regiones Syriae, et comprehenderunt exercitus Romanorum. **2** Tum coeperunt exercitibus suis expugnare singulas civitates et vicos, donec devenerunt in medium Palæstinae et regiones eius, donec venerunt Caesaream, matrem civitatum; et dederunt eis pacem et expugnaverunt eam. **3** Et devenerunt rursus ad Arsūf (*'rsuf*) et comprehenderunt eam et omnia litora. **4** Nam Deus est qui commovit hanc rem et commovit has gentes ut facerent hoc; et ad instar ignis qui ardet, Persae circumambulabant civitates et expugnabant eas. **5** Tum illi, o fratres, pervenerunt ad civitatem magnam, civitatem christianorum Ierusalem, civitatem Iesu Christi. **6** Quis est qui computet quae facta sunt homicidia in Ierusalem ? Et quis est qui computet quae facta

---

II. [1] *Ezech.*, xvi, 1, 12, 14, 16, 20, 26, 27. — [2] et quando A. — [3] Cfr *Ezech.*, xxxiii, 11.

sunt latrocinia in medio civitatis? **7** Et haec omnia facta sunt, o
fratres, e semine inimici qui vult impedire salutem nostram; nam ille,
quando conspexit Iesum Christum cum erat super crucem, contristatus
est; conspexit fideles qui circumdabant eum, et astute-egit dolosus et
seminavit zizaniam, et non contentus fuit hoc maledictus, donec attulit super nos malum et perditionem et captivitatem. **8** O fratres,
quis non cogitabit de illa quae facta est Constantinopoli (*qsṭnṭynya*) per
manus Iustiniani (*'sṭyny'nws*) regis effusione sanguinum, et quis computabit quae facta sunt homicidia? **9** Quis est qui [1] non audivit de
his quae fuerunt in Antiochia (*'nṭ'kya*) civitate magna calamitatibus?
10 Quis non contristabitur super hoc quod factum est Laodiciae
(*'l-l'dyqya*)? Et hoc totum castigatio (fuit) a Deo ad sanitatem animarum
nostrarum, sicut dixit propheta : « Castigans castigavit me Dominus et
ad mortem non tradidit me » [2]. Et cur tacebimus, et cur non contrista-
bimur? **11** Quot myriades (hominum) interfecti sunt huius mali
causa quod advenit super Icrusalem! **12** Quis non flebit super captivitatem sacerdotum? Quis non contristabitur super devastationem ecclesiarum? Quis est qui non flebit super illa quae acciderunt hominibus
calamitates et supplicia?

IV. 1 Et si vultis scire hanc causam, audite quomodo homo (quidam) bonus certiorem-fecerit me de morte huius maligni, ut sciatis quia
omnia de quibus loquor vera sunt. Hic homo bonus narravit mihi [1], cum
sedens esset in regione Iordanis, et dixit : **2** « Quando occisus est
Bonosus (*bnwsys*), conspexi in illa hora homines tremendos qui tulerant
animam eius ad puteum sigillatum; et erat super illum puteum homo
(quidam) qui custodiebat eum; et dixerunt illi homines qui ferebant
eum et dixerunt : O homo, aperi nobis hunc puteum ut introducamus
animam Bonosi (*bnwsys*) in eum. **3** Et respondit eis qui sedebat super
illum puteum et dixit eis : Non possum aperire hunc puteum nisi praeceperit mihi Dominus. **4** Et abiit unus ex eis qui ferebant animam
Bonosi (*bnwsys*) festinanter et attulit codicillum. **5** Tum conspexit
illud (homo) qui custos erat illius putei et ingemuit e profundidate cordis
sui et percussit pectus suum dicens : Vae huic animae! Inde a Iuliano
(*lly'nws*) transgressore (*br'b'ṭ* = παραβάτης), non aperui hunc puteum
a tempore priori». **6** Et tantum narravi vobis hoc, desiderans certiores vos facere de illo quod factum est malo et pugna et bellis et occi-

---

III. [1] qui *om.* A. — [2] *Ps.* cxvii, 18.
IV. [1] quia A, narravit mihi B.

sione fratrum,   **7**   et vastatione civitatum et ruina ecclesiarum, ita ut
perveniret occisio et malum intra templum ut arriperet ducem christianorum et perderet templum totum.   **8**   Sed, o fratres, quando non
cognovimus Deum et non observavimus mandata eius, abiecit nos Deus
in manus inimicorum, gentis impurae, ut accideret nobis id quod non
desiderabamus.

V. 1 Et nunc incipiam (narrare) quod factum est. Quando comprehendit haec gens litora, erant in eis qui comprehensi sunt duo monachi
ex uno illorum monasteriorum,   **2**   monachi sancti, ascetae, ornati
sermone et operibus; et erant splendentes dono (divino); nam Deus
diligit sanctos suos.   **3**   Et Deus est qui iussit captivum esse Daniel
prophetam et tres pueros in salutem mundi; eodem modo gratum-
habuit Deus ut captivi essent hi duo monachi, ut docerent legem Dei
quae non potest perquiri.   **4**   Et quando duxerunt inimici duos monachos ad principem, conspexit eos, et quamquam erat princeps adver-
sarius Deo, tamen cognovit quia illi diligebant Deum (et quia erant
homines) pii; et iussit vinciri eos, ut sciret quidnam futurum esset de
civitate [1].   **5**   Et cum appropinquavit Hierosolymae, civitati magnae,
nulla erat ei cura nisi ut interrogaret eos cotidie de sorte civitatis, et
dicebat eis : « Quidnam dicitis, o monachi ? Dicitis quia civitas tradetur
nihi, annon ? ».   **6**   Et responderunt ei monachi et dixerunt : « Inaniter laboras, o impure, nam manus Dei protegit hanc civitatem sanctam ».   **7**   Et quando provenerunt magnates ducum ad civitatem et
conspexerunt eam et monasteria quae erant circum eam, aperta sunt
corda eorum et voluerunt pacem-facere cum incolis civitatis.   **8**   Tum
cognovit patriarcha (*bṭryrk*) sanctus Zacharias quidnam accideret civitati, et desideravit pacem (facere) cum inimico;   **9**   quaerebat per
illud salutem gregis sui et securitatem illorum locorum sanctorum; nam
sciebat peccata incolarum civitatis et multitudinem eorum.   **10**   Et
ut cognoverunt duces civitatis id quod volebat patriarcha (*bṭryrk*)
facere et quod quaerebat pacem, congregati sunt in eum simul et accesserunt in eum sicut leones; congregati sunt in pastorem bonum patria-
cham (*bṭryrk*) Zachariam et dixerunt ei :   **11**   « O princeps, haec res
quam vis facere non est bona; forsitan tu amicus es illius inimici, quo-
niam vis pacem (facere) cum illo; tu es homo stultus; propterea vis
pacem-facere cum illis qui non timent Deum ».   **12**   Tum patriarcha

---

V. [1] *Litt.* ex re civitatis; cfr GRAF, p. 82.

(*bṭryrk*) benedictus Zacharias, quando conspexit eos et audivit quod
dicebant, flevit super perditionem gregis; et timebat ab eis ne occiderent
eum; nam David propheta iam cognoscebat malitiam eorum; propterea
dicebat : « Eripe me, o Domine, ab oppositione populi » [2]. **13** Et non
timebat patriarcha (*bṭryrk*) mortem tantum, nam mors erat ei ad instar
somni; sed patriarcha (*bṭryrk*) quaerebat pacem inimici, et turbae impediebant eum ab illa; et fuerunt hoc bellum et (haec) discrimina, o fratres,
a Deo. **14** Et cum conspexit illud patriarcha (*bṭryrk*), contristatus
est super gregem, nam desiderabat pacem-facere cum inimicis; et clamabat et dicebat congregationi incolarum civitatis : « Vos conspicio in
quo (statu) sitis »; et ille multum flebat (*litt.* multus fletu) semper in
lamentatione et dicebat : « Ego innoxius sum a sanguinibus [3] huius congregationis; **15** et ego timeo ne perficiatur dictum prophetae, cum
dicebat : Vae malignis et illis qui erunt cum eis » [4]. **16** Et fuerunt illa
omnia a Iesu Christo, ut esset hoc castigatio gregi peccatori; et erat
illud ad instar remedii quod invenitur a medico sapienti ut expellat
morbos et peccata quae sunt in cordibus nostris. **17** Nam Deus potens est inanem-facere vim inimici; cum convertit oculum suum qui
non dormit, devincit omnes reges et potentes. **18** Nam Israel, quando
fuit iussum a Deo, devicit Aegyptios; et eodem modo ⌐factum est de
moenibus [5] Iericho : quando voluit Deus ceciderunt. **19** Pastor autem bonus patriarcha (*bṭryrk*), quando non oboediverunt ei, suasit eis
aliud consilium; et petebat a monacho qui dicebatur Modestus (*m'dsṭs*),
domino monasterii *dw'ks*, ut exiret et congregaret exercitum Romanorum qui erant in Iericho, ut essent auxilium patriarchae (*bṭryrk*).
20 Et oboedivit ei monachus; tum exivit et congregavit exercitus qui
erant in Iericho. **21** Persae autem circumdederunt civitatem sanctam.
22 Et in omni tempore interrogabant duos monachos de civitate [6],
num expugnarent eam annon; et in una ex illis diebus, interrogaverunt
rursus duos monachos. **23** Tum consultaverunt monachi inter se,
dicentes : « Si mentimur, malum est; et si verum-dicimus, tristitia est;
sed si narramus eis et si non narramus eis, inevitabilis est devastatio
eius; et ne abscondamus veritatem». **24** Tum duo monachi ingemuerunt a profunditate cordis et percusserunt facies suas, et oculi eorum fundebant super terram lacrymas abundanter; tum dixerunt Persis : « E multitudine peccatorum nostrorum tradidit nos Deus in manus
vestras». **25** Tum dixerunt incolae civitatis duobus monachis : «Quo-

---

[2] *Ps.* LVIII, 2. — [3] Cfr *Matth.*, XXVII, 24. — [4] *Ubi?* — [5] *Litt.* fuit res moenium; cfr n. 1.
— [6] *Litt.* in re civitatis; cfr n. 1.

modo non dixistis nobis a principio quicquam et non narravistis nobis
quia civitas devastabitur? Et nunc dicitis quia illa devastabitur».
26   Responderunt monachi et dixerunt : « Non sumus prophetae; sed
narrabimus vobis quia comprehensi eramus cum omnibus et facti sumus
(captivi) in manibus eorum.   **27**   De civitate autem Dei Ierusalem ne
miremur; sed sicut fuimus erga Deum (*litt.* cum Deo) ita factus est erga
nos (*litt.* nobiscum).   **28**   Narramus vobis quia quando eduxerunt nos
Persae e speluncis nostris, adduxerunt nos ad Ierusalem, et conspeximus murum civitatis, et erat super singulas turres [7] civitatis super
murum angelus ferens in manu sua hastam ex igne.   **29**   Et cum vidimus illud gaudium, laetati sumus et scivimus quia Deus nobiscum est;
et propterea dicebamus inimico : Inaniter laboras in devastatione civitatis.   **30**   Sed quando reliquistis oboedientiam Dei et abiecistis orationes, exercentes opera foeda quae vos cognoscitis et Deus cognoscit,
respexit Deus in vos conspectu suo malo et iniecit ignem super Sion et
occisio super turbam fuit.   **31**   Tunc descendit angelus de caelo ante
devastationem Sion tribus diebus, et ivit ad angelos qui erant super
turres   **32**   et dixit eis : Recedite abhinc, quia Dominus tradidit civitatem sanctam in manus inimicorum; et tunc recessit turba angelorum,
quia non poterat resistere iusso Dei.   **33**   Et cognovimus tum quia
peccata nostra sunt quae cohibuerunt misericordiam Dei. Sed, o fratres,
ne timeatis, quia Deus non ex odio nostri fecit nobis hoc, sed ut castigaret nos; nam ille castigat, tum rursus miseretur; tolerate hoc, ut
lucrum-capiatis et effugiatis malum.   **34**   Audite verbum David prophetae dicentis : Tolerantia toleravi et misertus est mihi Deus [8]; et dixit
rursus : Beatus homo quem castigat Dominus [9]; et dixit rursus Iacobus
discipulus : Beatus homo qui tolerat adversitates, nam quando veniunt
adversitates et tolerat eas, accipit coronam vitae [10] ».   **35**   Et hunc
sermonem, et similem huic, duo monachi docebant incolas civitatis; et
sermone suo bono abstulerunt tristitiam e cordibus eorum.

VI. 1 Et erat monachus alius benedictus in monasterio mār Sabae,
cuius nomen erat Iohannes; et erat cum illo discipulus (quidam) eius
sedens.   **2**   Et conspexit eum discipulus cum tristis esset propter Ierusalem, et coepit petere a sene magistro suo dicens ei : « O pater, ego
certum-habeo quia quodcumque rogaveris a Deo, non abscondet (Deus)
a te; et ego prosternor ad te et peto ut narres mihi num civitas sancta

---

[7] *Litt.* super omnem turrim e turribus. — [8] *Ps.* xxxix, 2. — [9] *Ps.* xciii, 12. — [10] *Iac.*, i, 12.

devastetur et captivi futuri sint qui (habitant) in ea ».   **3**   Et respondit
monachus discipulo suo et dixit : « Quis sum ego, ut roges me hanc rem,
cum ego homo peccator sim ? ».   **4**   Tum coepit discipulus petere ab eo
cum fletu et humili-imploratione ; tunc flevit senex monachus et dixit :
5   « O fili mi, ego video te volentem conspicere hanc rem ; ego narrabo
tibi quod notificavit mihi Deus ; narrabo tibi quia ante quinque dies
eram reputans de hac re, cum conspexi me ipsum quasi aliquis me arripuisset et statuisset me coram Golgotha, et tota congregatio clamabat :
O Domine, miserere nobis.   **6**   Et observavi et conspexi Iesum Christum stantem super crucem ; et conspexi Dominam Mariam petentem ab
eo et intercedentem pro creaturis.   **7**   Et Iesus Christus respondebat
illi dicens : Non audiam eorum [1] invocationem, quia illi corruperunt
templum meum.   **8**   Et clamantes : O Domine, miserere nobis, cum
fletu et gemitu, ascendimus ad templum mār Constantini (qsṭnṭyn) ubi
est Crux.   **9**   Tunc ascendi ego cum eis ad templum mār Constantini
(qsṭnṭyn) ; et cum posui caput meum ut orarem in illo loco ubi est Crux,
conspexi lutum multum exiens e loco et implens templum.   **10**   Et
erant ibi duo senes e ducibus stantes, et clamavi eis et dixi eis : Non
timetis Deum ? Nam nos non possumus orare propter hoc lutum.
Et responderunt duo senes et dixerunt mihi : Hoc totum est propter
malitiam et peccata sacerdotum.   **11**   Et respondi et dixi : Et nunc
non potestis purificare illud ? Et dixerunt duo senes : Non purificabitur hoc lutum donec descendat ignis de caelo et comburat illud ».
12   Tum flevit monachus senex magister et dixit discipulo suo :
« O fili mi, scito quia iam advenit tempus decessionis meae ex hoc
mundo et exivit sententia a Iesu Christo ». Tum monachus petivit
a Deo ut cohiberet illam, et non consensit ei in hoc.   **13**   Et ut monachus colloquebatur cum discipulo suo, advenerunt Persae inimici et
comprehenderunt et occiderunt eum.   **14**   Discipulus autem fugit ;
et postea venit discipulus et conspexit magistrum suum occisum, et
flevit fletu vehementi ; tum exsequias-egit eius quam pulcherrime, et
deposuit eum in sepulcreto sanctorum patrum.

VII. 1 Persae autem, quando conspexerunt quia incolae civitatis

VI. Haec narratio graece : BHG 1448w (III, p. 206) et apud N. MARR, *Antioh Stratig*,
Petropoli, 1909, p. 42-44 (duae recensiones, e codd. Sin. gr. 448 et 432); armeniace :
Varkʿ srbocʿ haranʿ, II, Venetiis, 1855, p. 409-410 ; versio gallica e graeco Pauli Evergetini
(III, 19) : L. REGNAULT, *Les sentences des Pères du désert. Nouveau recueil*, Solesmes,
1970, p. 185-186. — [1] *Litt.* eis.

non volebant pacem-facere cum eis, ceciderunt in perturbationem et furorem. **2** Monachus autem qui iussus est adducere exercitus Romanorum a Iericho ut essent eis auxilium, non placuit Deo ut adiuvaret eos. **3** Nam Romani, quando conspexerunt multitudinem exercituum Persarum, fugerunt omnes simul. **4** Et remansit monachus solus, quia non potuit fugere. Tum confugit in rupem quae erat in illa valle. **5** Et Persae circumdabant rupem illam et alii super rupem erant <et alii> erant coram illo stantes. **6** Sed, o dilecti mei et dilecti Dei, ille qui exstinxit oculos inimici, (idem) fuit qui abscondit illum monachum; tum sanus-evasit et devenit ad Iericho.

VIII. 1 Et facti sunt incolae civitatis tristes quando non fuit eis auxilium. **2** Et certum-habuerunt Persae quia Deus iratus est in christianos. **3** Et non cessaverunt dolis-uti, donec aedificaverunt turres et statuerunt ballistas ad pugnandum in incolas civitatis, et cum furore multo pugnabant Persae in incolas Hierosolymae. **5** Et fuit initium pugnae Persarum in christianos Hierosolymae in (die) tertia decima mensis; et erat in anno quarto regni Heraclii; et permanserunt viginti dies iacientes (tela) in eos ballistis, donec deiecerunt murum civitatis. **6** Tum hostes intraverunt in civitatem, civitatem Dei, cum furore vehementi. **7** Illi autem qui custodiebant murum et civitatem fugerunt et se absconderunt in illis montibus et speluncis, quaerentes salvare se ipsos; et multi ex eis confugiebant in ecclesias. **8** Et Persae intrabant ad eos cum furore sicut leones, et dentes eorum stridebant prae furore, et erat ira eorum sicut canum qui latrant. Et quando expugnaverunt civitatem, omnes quibus occurrebant occidebant; et non miserebantur viri nec mulieris nec senis nec adulescentis nec pueri parvi nec sacerdotis nec monachi nec virginis. **9** Et erant incolae civitatis in calamitate ingenti. Et Ierusalem caelestis (*litt.* superior) flebat super Ierusalem inferiorem. **10** O fratres, indicium [1] illius (rei) quod tenebrae multae erant in civitate in illa die, sicut obtenebratus est sol in tempore crucifixionis Christi; ita quando castigata est Sion (*şhywn*) per ignem, iure castigata est. **11** Et cum intraverunt Persae in civitatem, omnes quibus occurrebant occidebant, **12** et qui currebat aut fugiebat; et desertum erat in terrore; et qui clamabat depellebatur. **13** Et occurrebant pueris parvis clamantibus cum fletu et matribus clamantibus cum lamentatione super filios parvos.

VIII. [1] *Litt.* et indicium.

16 Et immolabant senes sicut bestias; et totus populus erat in hac calamitate et biberunt omnes hunc calicem; et abscidebant homines sicut herbam, et homines conspiciebant opera tremenda. **17** Et erant ecclesiae Dei destructae, et hostes Persae exspuebant in eucharistiam quae erat super altaria; et conculcabant cruces pedibus suis; et non erat in eis misericordia nec miseratio. **18** Tum fuit poena super sacerdotes, et senes immolabantur. **19** Et mors cadebat super infantes parvos; et mater flebat super separationem filii sui; et sanguis fluebat [2] in medio civitatis sicut flumina; et omnes praegnantes patiebantur cum fletu; et virgines lamentabantur super corruptionem virginitatis suae. **20** O dilecti mei, quis poterat conspicere quae fuit tristitiam in Ierusalem in illa die, quin fleret et contereretur cor eius? **22** Quis est qui non timuit quando conspiciebat hostes intrantes in domum Dei cum gladiis destrictis? Quis non contristatus est quando interficiebant sacerdotes super altaria? **23** Sacerdos stans tollebat eucharistiam ad caelum, et gladii comprehendebant eum; **24** sacerdos super altare tollebat vestem ab eucharistia, et immolabatur. Et erat terror multus super omnes qui erant habitantes in Ierusalem, eo quod sacerdos qui tollebat victimam ad caelum immolabatur in hora una. **26** Et res magnas faciebant hostes in illa civitate sancta. O dilecti Christi, non tacebo; iam incepi hanc rem, et ego volo ut perficiam eam, reluctanter.

IX. 1 Narro vobis quia, quando intraverunt Persae intra civitatem, multiplicatus est in ea sanguis [1] **2** et remanebant ex incolis Hierosolymae homines qui non interfecti sunt; et postquam cessavit furor, furor hostium, certiores facti sunt quod quidam erant absconditi in puteis et cisternis. Tunc iussit (dux Persarum) praeconem clamare: « Omnes qui sunt absconditi et exibunt, pacem habebunt, ut non timeant ». **3** Et quando audierunt absconditi, exivit multitudo eorum; et mortui erant ex eis homines multi e tenebris in quibus erant et foetore loci, et mortui sunt nonnulli ex eis fame, et mortui sunt nonnulli ex eis siti. **4** O fratres, quot myriades (hominum) mortui sunt fame et siti! **5** Et quando exierunt, coepit dux interrogare eos de artibus eorum; et declaraverunt ei omnem artem quam faciebant; et selegerunt selectionem peritorum ex eis ut captivos-ducerent [2] eos in Persiam. **6** Tum comprehendit reliquam-partem hominum et detinuit eos in

---

[2] *Litt.* sanguines fluebant.

  IX. [1] *Litt.* sanguines. — [2] captivos-duceret A.

lacu (*birka*) Mamilae (*m'ml'*) qui est extra Ierusalem a duobus iactibus
sagittae (et) est a turri Davidis dimidio miliario; et iussit custodibus ut
custodirent eos in illo lacu.   **7**   O dilecti mei, quis est qui possit
narrare calamitatem quae occurrit christianis in illa die? Nam illi, o
fratres, ob multitudinem suam alii alios conculcabant; mulieres et viri
per angustiam loci (erant) ad instar bestiarum quas volunt offerri ad
immolationem; et custodes castigabant eos.   **8**   Nam calor ad instar
ignis comburebat eos, et moriebantur sine gladio. Super omnes qui erant
in illo lacu mors cadebat, et non erat eis cibus nec potus.   **9**   Et Deus
abiciebat eos; et traditi erant immolationi, sicut bestiae, in manus
hostium Persarum.   **10**   Et quaerebant, o fratres, mortem sicut quaerit homo vitam; ita quaerebant mortem, sicut dicit Iob iustus : « Qui
in calamitatibus sunt quaerunt mortem, et non advenit eis » [3]. Desiderabant mortem et quaerebant eam sicut qui quaerit thesaurum et non
poterant obtinere eam; laetabantur cum adveniebat eis mors.   **11**   Et
clamabant voce alta ad caelum dicentes : « O Domine, ne perdas nos;
o Domine, ne tradas nos in manus hostium, nos credentes in te; o
Domine, respice in nos de caelo; o Domine, intuere in nos et miserere
nobis; o Domine, ne abicias clamorem eorum qui implorant te;
o Domine, adveniat nobis misericordia tua festinanter et eruat nos ex
hoc supplicio in quo sumus; gladius potior est nobis quam ut moriamur
fame; hasta melior est nobis quam ut moriamur siti; culter, o Domine,
levior nobis quam ut moriamur manibus hostium sine misericordia».
12   Puer parvus clamabat cum fletu ad matrem suam, et mater vocabat filium suum, et nullus respondebat. Et accepit Deus clamorem
eorum. Et factus est lacus ille, in quo erat aqua, sanguis.

X. 1   O dilecti mei, audite me ut narrem vobis. Quando conspexerunt Iudaei inimici quia christiani traditi erant in manus Persarum,
laetati sunt laetitia vehementi, quia oderant christianos. Tum excogitaverunt Iudaei consilium malum de christianis, nam gradus Iudaeorum
erat magnus apud Persas.   **2**   Et Iudaei appropinquabant ad mar-
ginem lacus et clamabant ad filios Dei christianos cum essent in lacu
Mamilae (*m'ml'*) : « Qui vult e vobis ut fiat iudaeus ascendat ad nos, ut
redimamus eum a Persis». **3**   Et non perfectum est eis consilium
eorum malum, et fuit labor eorum vanus. Filii autem christianorum
elegerunt ut perirent corpora eorum et ut non animae eorum morerentur

---

[3] *Iob*, III, 21.

   X. [1] *Litt.* in re christianorum; cfr Graf, p. 82.

et ne esset eis cum Iudaeis pars nec vita. **4** Et quando viderunt Iudaei fidem veritatis, irati sunt ira vehementi, et sicut canum erat latratus eorum. Tum excogitaverunt consilium aliud; sicut emerunt Christum a Iuda denariis, eodem modo voluerunt emere christianos e lacu denariis. Et sicut agnos qui immolantur Iudaei emebant christianos a Persis et immolabant eos. **5** Et erant christiani in gaudio magno quando immolabantur pro fide Christi; quaesiverunt et elegerunt aeternam-vitam plus quam terrenam. **6** Et clamaverunt ad Iudaeos dicentes : « O inimici Dei, cur non toleravistis sicut toleravimus proficientes ? Nam petivistis a nobis ut faceretis nos iudaeos sicut vos. **7** Sed facti sumus fideles martyres Dei et fecistis nos intercessores pro his hominibus qui interfecti sunt; fecistis nos, (o) turbae Iudaeorum, ut multiplicemus vobis supplicium. **8** Nam Persae non interfecerunt nos, sed vos estis qui interfecistis nos ». **9** Et quando captivi abducti sunt incolae Hierosolymae, coeperunt Iudaei destruere ecclesias.

XI. 1 O dilecti mei, ne miretur ullus ex vobis de hoc; nam ubi est multitudo peccatorum, ibi est multitudo calamitatum et potentia hostium; propter hoc devastata est Ierusalem; **2** et sicut agni ad immolationem, ita christiani immolabantur in lacu Mamilae (*m'ml'*), et fame et siti mortui sunt homines multi. **3** Quot sacerdotum exivit anima per famen! Quot infantes parvi comprehendit terror ex angustia illius loci et multitudine hominum qui erant in eo! **4** Quot mulieres virgines <...**5**...> [1] mortui sunt propter tristitiam de filiis! Quot homines emerunt Iudaei et interfecerunt, et facti sunt martyres! **6** Quot mulieres et viri et pueri mortui sunt in illis puteis fame et siti! **7** Quot homines fugerunt in ecclesias, in Anastasi et Sion, et interfecti sunt et combusti sunt! **8** Quis est qui computabit multitudinem interfectorum qui interfecti sunt in Ierusalem? **9** Iure, o fratres, advenit nobis hoc; propter hoc clamamus et dicimus : « Iure, o Domine, castigavisti nos; iure attulisti hoc totum super nos, et propter multitudinem peccatorum accessit mors et captivitas ad nos; propter hoc traditi sumus in manus inimicorum, gentis malae; et sicut voluit Deus, ita fuit; sit nomen Domini benedictum in saeculum » [2]. **10** Hoc dicebamus quia iure advenit nobis hoc totum, ut cum castigaret nos Dominus noster, nosceremus eum, sicut dixit Paulus apostolus : « Iudicamur a Domino et castigat nos ut non iudicemur a mundo » [3]. **11** Nam Deus exaltavit

---

XI. [1] Nonnulla om. A; cfr recensionem ibericam. — [2] *Ps.* cxii, 2. — [3] 1 *Cor.*, xi, 32.

nos, et non voluimus exaltationem; honoravit nos et non voluimus honorem et non accepimus eum; propter hoc tradidit nos huic occisioni, et loco exaltationis humiliati sumus, et loco honoris gemuimus, et loco puritatis coinquinati sumus; et potius quam ministraremus Deo facti sumus ministrantes inimicis. **12** Nos reliquimus Deum, et Deus reliquit nos; recessimus a Deo, et Deus recessit a nobis. **13** Sed, o fratres, Dominus noster bonus castigavit nos misericordia sua, et non secundum peccata nostra fecit nobis; ita, o fratres, dominus noster Christus castigat nos non secundum opera nostra sed secundum conversionem et paenitentiam. **14** Cecidimus et ille suscitavit nos; **15** et effudit sanguinem suum pro nobis (et) fecit nos sicut filios; et quando non observavimus mandata eius, intulit super nos hanc captivitatem et bellum. **16** Nam anima, cum castigata erit in hoc mundo, inveniet misericordiam in altero; nam homo, o fratres, cum est in quiete, non curat de salute animae suae, et fiunt homines pigri et non curant de vita futura et fiunt sicut homines qui non habent pastorem [3] nec regem nec ducem et mala-faciunt opera sua et blasphemant in Deum. **17** Et quando conspexit Deus nos cum essemus in his operibus malis et peccatis, sicut [4] frenum iumentis, ita frenum-imposuit nobis per hoc supplicium in salutem animarum nostrarum. **18** Et non reliquit animas nostras ut permanerent in perditione, sed convertit nos ad paenitentiam, ut recordaremur in quo (statu) essemus et sciremus quomodo exauditurus esset Deus voces nostras.

XII. 1 Audite, o fratres, quod accidit mulieribus sanctis. Erat monasterium in oriente Hierosolymae in Monte Olivarum. **2** Et intraverunt Persae in illud monasterium, et eduxerunt gregem Dei mulieres sicut columbas; et erant quadringentae virgines piae (et) sanctae. **3** Persae autem quando eduxerunt monachas e monasterio, coeperunt dispertire eas inter se. **4** Tum coeperunt Persae concumbere cum virginibus Christi corrumpentes virginitatem earum. **5** Et erat inter Persas iuvenis puer adulescens; et ille venit ad monacham (unam) e virginibus monasterii ut corrumperet corpus eius. **6** Et dixit ei: « O iuvenis, da mihi virginitatem meam, et ego dabo tibi unguentum; non eris in bello et pugna quin sit tibi hoc unguentum remedium ab omni ictu gladii aut hastae ». **7** Et cum audivit iuvenis hoc miraculum, dixit illi: « Dona mihi hoc unguentum, et ego dabo tibi

---

[3] Cfr *Matth.*, IX, 36. — [4] *Litt.* et sicut.

virginitatem tuam ». Et recogitaverat in se ipso quia accipiet ab ea illud
unguentum dolo, et postea faciet cum ea desiderium suum. **8** Et cum
attulit illud unguentum in vase, dixit ei : « Accipe illud et impone ex eo
super collum tuum, et ego accedam et percutiam te hoc gladio; et tum
scies quod sermo meus verus est». **9** Et respondit ei iuvenis et dixit :
«Non, sed ego imponam illud super collum tuum prius». **10** Et virgo
monacha quaerebat ab eo hoc (ipsum), et erat laeta de illa (re), ut non
deciperet eam diabolus, et desideravit interfici corpus suum et salvari
animam suam. **11** Et laetatus est iuvenis laetitia vehementi.
12 Tum virgo accepit ex illo unguento et unxit collum suum; et quando conspexit eam iuvenis, putavit quia sermo eius verus est; et non scivit miser quia illa tantum fecit illud ut fugeret ad Christum. **13** Et
quando unxit collum suum illo unguento, extendit collum suum.
14 Tum destrinxit iuvenis gladium suum, et putabat quia non vulnerabit eam gladius. **15** Et cum percussit collum eius et conspexit
caput eius quod ceciderat in terram, cognovit tum quia illa deceperat
eum. **16** Beata haec virgo quae excogitavit hoc mendacium, et fuit
illud mendacium salus animae eius; beatum caput eius sanctum quod
excisum est pro fide Christi. **17** Audite, o mulieres, et imitamini
hanc martyrem, et relinquite a vobis desiderium mundanum; quid est
peius quam vita-dissoluta et fornicatio ? **18** (Si) fecerit homo forni-
cationem, convertatur et paenitentiam agat. Vae cordibus eorum, quae
non recogitabant de hoc; et dicamus : « O anima, resurrectio futura est,
et accipiet unusquisque ad mensuram operum eius ; o anima, convertere,
et ne neglegas, et ne facias opera mali ; vita tua pauca tantum est et non
vives in aeternum ». **19** O fratres, non egit monacha ita, sed tradidit
corpus suum ad mortem et vivificavit animam suam et accepit coronam
martyrii. **20** Et non accepit coronam propter propositum suum
tantum, sed salvavit multas (alias); nam quando viderunt propositum
eius sincerum et opera eius, imitatae sunt eam. **23** Considerate
mulierem Macchabaeam quomodo toleraverit; nonne propter custodiam
legis (*n'mws*) facti sunt illa et filii eius martyres ? Considerate Lazarum ;
nonne per tolerantiam suam factus est martyr ? **22** Ego scio quia
martyrium fit (etiam) per paucitatem cibi; ecce monachi propter paucitatem cibi salvaverunt animas suas ab inimicis ; et saepe fuit martyrium
per paucitatem libidinum, **20** sicut fecit haec puella, nam non

XII. Narratio huius capituli (§ 1-15) graece : BHG 2028 (III, p. 8) et 1442 f-k (III, p.
194-195); armeniace : *Vark' srboc' haranc'*, II, Venetiis, 1855, p. 461-462; arabice : G. Levi
della Vida, in *Annuaire de l'Inst. de Philol. et d'Hist. Or. et Slaves*, 7 (1939-1944), p. 83-
126.

salvavit se ipsam tantum, sed salvavit multas e mulieribus [1]; multae
enim e monachis quae erant cum illa in monasterio, quando audierunt
quia sancta (illa) martyr facta est, imitatae sunt eam; **21**   et inter-
fectae sunt et fuderunt sanguines suos, et non tradiderunt corpora sua
peccato, sed festinabant ad martyrium.

XIII. 1 Et ego nunc narrabo vobis, o fratres et [1] dilecti Christi, quia
postea introduxerunt patriarcham (*bt̤ryrk*) Zachariam in Sion per
portam per quam intravit Christus; introductus est patriarcha (*bt̤ryrk*)
pastor bonus, cum illi propellerent eum sicut latronem in vinculis.
2   Et non sicut Christus intravit in Sion, nam Christus sedebat super
asinum cum intraret in Sion; sed hostes propellebant pastorem Zachariam (*zḫry'*) alligatum.   **3**   Et non erant illic pueri laudantes eum, sed
tota multitudo lamentabatur super eum; non dicebant : « Benedictus
qui venit in nomine Domini » [2], sed flagellabatur virgis, sicut voluit
Deus.   **4**   Et multitudo non clamabat : « Hosanna », sed ambulabant
cum eo flentes; non extendebant vestimenta sua in terra, sed madefaciebant terram lacrimis; non ferebant ramos palmarum (*b'y'*), sed ferebant
in eum gladios districtos; non ferebant ramos olivae, sed interficiebant
filios cum matribus eorum; non honorabant eum, sed sicut (cum)
tyranno ambulabant cum eo; non propellebant eum ad honorem, sed
propellebant eum ad ignominiam.   **5**   O porta Sion, quot intraverunt
per te calamitates! O porta Sion, quot intraverunt per te pastores, et
quot pastores exierunt ex te!   **6**   O porta Sion, crux honorabilis bis
exivit ex te; nam olim exivit crux cum Christo, et nunc exit crux cum
patriarcha (*bt̤ryrk*) pastore Zacharia in captivitatem. O Sion, quantam
laetitiam et tristitiam et lamentationem ostendisti nobis!   **7**   Tum
eduxerunt pastorem bonum patriarcham (*bt̤ryrk*); et fuit exitus Christi
ex Sion ad crucifixionem; sed Zacharias patriarcha (*bt̤ryrk*) exivit e
porta Sion sicut exivit Adam e paradiso.   **8**   Iesus Christus ivit ad
Golgotham, et Zacharias patriarcha (*bt̤ryrk*) exivit e Golgotha; Christus
exivit ferens crucem, et Zacharias patriarcha (*bt̤ryrk*) exivit lamentans
super crucem.   **9**   Christus pro salute mundi eductus est, et Zacharias
patriarcha (*bt̤ryrk*) eductus est pro salute Hierosolymae; Adam habitavit coram paradiso, et Zacharias patriarcha (*bt̤ryrk*) constitit coram
salute mundi; Adam timidus erat in consolatione, et Zacharias patri-

---

[1] ex hominibus A.
 XIII. [1] *Litt.* et o. — [2] *Matth.*, xxi, 9 etc.

archa (*bṭryrk*) consolabatur in ecclesia.   **10**   Et quando exivit Zacharias a porta Probaticae (*'brwb'ṭyqy*) ex qua eductus est Christus ad
crucem, ascendit ad montem qui dicitur Mons Olivarum cum multitudine. Tunc sedit super culmen illius montis, et ad instar sponsi conspiciebat sponsam.   **11**   Tum accesserunt ad eum agni; conspiciebant
faciem eius, se humiliantes (et) petentes ab eo ut consolaretur eos et
compesceret tristitiam eorum.   **12**   Et quando conspexit eos, arsit cor
eius et coepit gemere cum lacrymis quae fluebant ex oculis eius; et dixit
eis : « O filii mei, iam perfectae sunt omnes res».   **13**   Et cum audierunt
hoc ab eo, coeperunt flere cum essent sedentes (et) nitentes in manus
suas, tristes; et voluit placare tristitiam quae erat in cordibus eorum.
14   Tum levarunt oculos suos et respexerunt in Ierusalem, cum com-
bureretur igne,   **15**   et coeperunt lamentari cum fletu; nonnulli percutiebant faciem suam, et nonnulli iaciebant cinerem super caput suum,
et nonnulli iaciebant pulverem in faciem suam, et nonnulli evellebant
capillos suos a capitibus suis; et illud non quod contristati sunt de
castigatione sua, sed propter devastationem Hierosolymae; et nonnulli
percutiebant pectora sua, et nonnulli tollebant manus suas ad caelum
cum clamarent et dicerent :   **16**   « Miserere nobis, o Domine, miserere
civitatis tuae; o Domine, miserere altarium tuorum; o Domine noster,
miserere templorum tuorum sanctorum; o Domine, compesce iram
tuam; o Domine, surge et ne dormias; o Domine, conspice inimicos
tuos quomodo laetantes sint in devastatione civitatis tuae et altarium
tuorum.   **17**   Ne obliviscaris nostri, o Domine; respice in nos, quia
pervenerunt animae nostrae ad terram; o Domine, respice in nos, quia
devenit laetitia nostra in tristitiam; o Domine, devenit gaudium nostrum
in lamentationem; o Domine, respice in nos, quia devenerunt festivitates nostrae in captivitatem.   **18**   O Domine, mors melior est nobis
quam ut impellamur in manus hostium malorum; o Domine, ne ira tua
castiges nos, sed misericordia tua; ne propter peccata nostra reddas
nobis, sed propter miserationem tuam.   **19**   Peccavimus; et miserere
nobis et castiga nos misericordia tua; ne dicant inimici : Ubi est Deus
eorum [3] ? Ne dicant inimici : Ubi est crux eorum ? ».   **20**   Tali sermone
et huic simili multitudo petebat a Deo cum esset in monte Olivarum.
21   Et quando conspexit Zacharias patriarcha (*bṭryrk*) multitudinem
lamentantem, significavit eis manu sua ut placaret eos; tum aperuit os
suum et dixit :   **22**   « Benedictus Dominus qui attulit super nos hanc

---

[3] *Ioel*, ii, 17.

castigationem. O res miranda ! Nonne captivus factus est Iesus Christus
in diebus crucifixionis et fuit super crucem propter salutem nostram ?
23   Et nunc ille iter-faciet nobiscum; ne timeatis, o filii mei, nam
Christus nobiscum est; ne lamentemini, o filii mei, quia crux captiva
fit nobiscum.   **24**   Ne fleatis, dilecti mei, quia captivi fimus; ecce ego
Zacharias patriarcha (*bṭryrk*), dux vester [4],   **25**   peto a vobis ut non
decipiamini et non blasphemetis;   **26**   nam crux iter faciet nobiscum;
ille qui crucifixus est pro nobis, idem est pastor bonus qui habitans est
in caelo; et ego etiam pastor peccator ecce captivus fio vobiscum; vobiscum, o filii mei, est sceptrum regis; vobiscum, o filii mei, est armatura
quae non consumitur.   **27**   Et sicut Paulus ego nuntio vobis hodie :
Hoc nunc est tempus iustitiae [5]; haec est dies iustitiae et salutis; haec
est dies laetitiae; haec est dies patientiae, et qui toleravit ad finem,
vivet [6]; haec est dies coronarum; haec est dies in qua aperitur porta
regis; ea est dies in qua delentur delicta et intratur in paradisum.
28   Stemus nunc cum fortitudine; o fratres, ne blasphememus.
29   O fratres, ne timeatis; o filii Christi, ne timida-sint corda vestra,
nam nobiscum est exercitus; nobiscum sunt myriades angelorum;
nobiscum sunt myriades seraphim et nobiscum sunt omnes cherubim;
nobiscum sunt martyres et nobiscum iusti; nobiscum sunt omnes
prophetae; illi pugnant in omnes inimicos nostros et rogant Deum
propter nos.   **30**   Ne sit in cordibus vestris cogitatio mala; sed festinate antequam concludantur portae; nunc portae sunt apertae; festinemus ad mandata quae praecepit nobis Dominus Iesus Christus;
festinemus ad laetitiam; ne remaneat in nobis tristitia cordis, sed humi-
liatio.   **31**   Laetamini, o filii mei, laetamini; accipite vocem vehementem a sene debili.   **32**   Laetamini in Domino, o captivi, quia tempus
laetitiae est iis qui intelligunt;   **33**   laetamini in Domino, quia Dominus nobiscum est, et quis est qui erit contra nos ? [7]   **34**   Ita, o filii mei,
facite [8] vos ipsos, et ita vincetis hostes; ne inveniat inimicus in vobis
locum ut seminet in cordibus vestris tristitiam.   **35**   Nam tristitia
pauca tantum est, et lucrum multum; tempus paucum est, et martyrium magnum et corona praeparata.   **36**   Ne miremini, o filii mei,
quia eratis liberi, et nunc fietis sicut servi (et) propellemini in captivitatem; ante hanc diem, festinabatis ad ecclesiam, et nunc propellimini
cum hostibus; ante hanc diem, festinabatis ad altare, et hodie propellimini ad immolationem.   **37**   Ecce pastor bonus, iudex qui fecit gregem

---

[4] *recensio iberica* vobiscum sum in captivitate, sed. — [5] 2 *Cor.*, VI, 2. — [6] Cfr *Matth.*,
X, 22. — [7] Cfr *Ps.* CXVII, 7. — [8] *Recensio iberica* consolamini.

captivum abduci, nobiscum est; benedictus est qui suscitavit nos a thronis nostris, thronis pastorum; et iure fecit illud nobiscum, quia non pascebamus gregem eius in iure veritatis; propter hoc intulit in nos hoc supplicium. **38** Vae canitiei meae, quia vidi rem magnam ego miser peccator; nam homo qui habet filios duos vel tres, contristatur [9] super illos; et quomodo ego miser, qui conspicio huiusmodi populum in hac calamitate? **39** Sit nomen Domini benedictum [10] in saeculum. **40** O filii Christi, recordemur verbum Domini, ut consolemur, ubi dixit dominus noster Christus : Si inimici me persecuti sunt, et vos persequentur [11]. **41** Si inimici me oderunt, et vos etiam ita oderint; si inimici me interfecerunt, ita et vos etiam interficient. **42** Sed patientiā vestrā lucrabimini animas vestras [12]; ne timeatis ab eis qui interficiunt corpus et non possunt interficere animam [13]; scitote quia (ille) qui perseveraverit in finem salvabitur [14]. **43** O filii mei, ne molestemini castigatione Domini et ne contristemur; nam illum quem diligit Deus castigat; ita et David dixit : Castigas me, o Domine, et probas me [15]; sed avertis et amoves nos a profunditate terrae [16]; et iterum dicit David : Castigans castigavit me Dominus et ad mortem non tradidit me [17]. **44** Et item dixit Paulus : Quem filium non castigat pater eius [18]? Et si non castigamini, non estis e filiis qui propelluntur ad viam vitae. Via vitae est difficilis et labore multo intratur in eam [19]. **45** Et cur non laboramus multum? **46** Nam vestimentum animarum nostrarum quod induimus per baptismum, inquinavimus peccatis et culpis; et nunc laboremus ut lavemus illud. **47** Ecce vestimenta inquinata apud lavatores lavantur et extenduntur et confricantur et contunduntur et conteruntur et distenduntur, et ita eveniunt pura. Ita et peccata animae non absolvuntur nisi per tristitiam et laborem et castigationem a rege terrae et rege caeli. **48** Quis est qui dives-fit sine labore, et quis est qui induit coronam quin fortis-fuerit? Quis est qui vincit quin pugnaverit? Quis est qui congregat divitias nisi laboravit? Nullus. **49** Nam ubi est requies, ibi domicilium-invenit inimicus; et ideo nunc audite et scitote et custodite mandata Dei in cordibus vestris. **50** Et ita clamate ad Dominum et ne desinatis, ut salvet vos ab inimico. **51** Accipite tristitiam sicut accepistis bona et laetitiam; sustinete, o filii mei, ut digni-fiatis praemio; Dominus iussit hoc, et ne irritemus Deum, et ne contristemur. **52** Deus est

[9] et contristatur A. — [10] *Iob*, I, 21. — [11] *Ioh.*, xv, 20. — [12] *Luc.*, xxi, 19. — [13] *Matth.*, x, 28. — [14] *Matth.*, x, 22. — [15] Cfr *Ps.* lxv, 9. — [16] *Ps.* lxx, 20. — [17] *Ps.* cxvii, 18. — [18] Cfr *Hebr.*, xii, 7-8. — [19] Cfr *Matth.*, vii, 14.

qui fortificat et confirmat relaxatos; Deus est qui convertit adversarios
et purificat coinquinatos per misericordiam suam; ille castigat nos et
rursus salvat nos; nam misericordia eius multa est plus quam arena quae
est super litus maris [20]; talis est multitudo miserationis eius. **53** Si
pro illis qui crucifixerunt eum rogabat dicens: Pater, dimitte eis hoc
peccatum [21], quomodo nobis non misereatur? **54** Si non fuimus sicut
iusti, tamen sicut peccatores rogemus, sicut servi eius qui peccaverunt
et conversi sunt ad eum. **55** Voluit castigare nos ut vincamus adversitates; tradit nos pro hominibus ut det nobis regnum suum; tradidit
nos servituti ut daret nobis libertatem; tradidit nos in hanc tristitiam
ut daret nobis gaudium et requiem in paradiso; cruciat nos in calore
huius ardoris ut salvet nos a calore gehennae. **56** Cruciat nos hic per
frigus ut salvet nos a stridore dentium; tradit nos hic feris ut salvet nos
a verme qui non dormit [22]; despoliavit nos hic a bonis nostris ut daret
nobis divitias regni caeli et bona praeparata illic, quae oculus non conspexit et auris non audivit et (quae) non subvenerunt cordi [23]; iam dedit
nobis regnum terrae, et rursus dat nobis regnum caeli. **57** Enitamur
nunc et oremus ut observemus fidem nostram, nam si nos observaveri-
mus fidem nostram, in illo tempore postero laetabimur et erimus cum
Salvatore et dicemus Christo cum parrhesia [24] et laetitia sine tristitia:
58 O iudex iuste, da nobis coronas, quia propter nomen tuum esurivimus et sitivimus et expulsi et exspoliati sumus et advenit nobis ab
hostibus omne malum, et non pepercimus sanguinibus nostris, ut obser-
varemus amorem tuum et fidem tuam et baptismum tuum et (ut) hoc
donum tuum integrum (et) purum praeberemus tibi. **59** Beati vos,
o fratres! Tum in quali laetitia eritis, et in quali laudatione et in quali
gaudio sine fine! Nam contristati estis paucum, et laetabimini multum,
in saeculum; nam cruciavistis corpora vestra, et salvavistis animas
vestras. **60** Inimici autem vestri stridebunt dentibus suis et gement
et flebunt fletu multo, et conspiciemus et excogitabimus quomodo sint
confusi (et) obtenebrati, et ab unoquoque contumeliabuntur; et si, cum
stet quidam cum culpa et confusione coram rege terrestri, est confusus
et non habet responsionem quam reddat ei prae culpa et confusione sua,
quanto magis cum stet coram rege caeli, et in quali timore erit in illa
hora, **61** cum cruciabit Deus peccatores et confundet eos, dicens:
O miseri, nonne propter vos descendi de caelo et indui corpus et factus
sum sicut servus et exsputum est in faciem meam et flagellatus sum

---

[20] Cfr *Rom.*, IX, 27 etc. — [21] Cfr *Luc.*, XXIII, 34. — [22] Cfr *Marc.*, IX, 48. — [23] 1 *Cor.*,
II, 9. — [24] dāla A; cfr *Analecta Bollandiana*, 77 (1959), p. 347, n. 2.

et crucifixus sum, cum essem Deus creaturarum ? **62** Nonne oportebat vos imitari me; ideo nunc, sicut renegavistis me, ego dico vobis :
Recedite a me, o maledicti, in ignem aeternum (praeparatum) vobis et
diabolo et cohortibus eius [25]. **63** In illa hora, o fratres, non est
paenitentia; in illa hora, non est rogatio; et ego, o filii Christi, dico
vobis et testificor vobis hodie coram Deo et omnibus angelis eius quia
ego innocens sum a sanguinibus huius multitudinis ⌐inimici. **64** O
filii Christi [26], state cum patientia quoad effundantur sanguines vestri
in amore Christi et propter nomen eius, ne tradamini in manus impurorum; tolerate propter nomen Christi, sicut toleravit pro vobis.
65 Nam stetit nunc diabolus temptans corda vestra; quaerit diabolus
ut introducat se [27] in corda vestra et seminet semen suum in vobis;
et hic erit sermo eius ad vos, cum clamabit et dicet : **66** O conventus
christianorum, cur seducitis vos ipsos ? Cur inanis est spes vestra ?
Reliquit vos Christus vester orphanos; **67** odio-habuit vos Christus
vester; abiecit vos et facti estis sicut inimici; accepit inimicos vestros
et abiecit vos, quia non honoratis eum; despoliavit vos a donis suis.
68 Et post hoc nunc quid exspectatis, et quae spes est vobis ? Laetamini, laetamini in hoc mundo, nam ille abiecit vos, et non pascet vos
post hanc diem; non vocabit vos filios; facti estis inimici ei; ideo iecit
vos in manus eorum qui oderunt vos; illi divites facti sunt et vos
pauperes facti estis; et nunc cur laboratis ? **69** Cessate, nam inanis
est oratio vestra, inane est ieiunium vestrum, inanis est fletus vester;
recedite (ab his). **70** Hic est sermo diaboli ad christianos. Audite
nunc, o dilecti Christi, quid respondeatis illi; discite et observate,
obstupefacite eum responsione, ut non inveniat vos denudatos et vos
captivos faciat; considerate quid dicatis ei. **71** Respondete ei dicentes
cum audacia : Quid nobis et tibi, o (tu) qui cecidisti de caelo ? Quid
nobis et tibi, o expulse ex angelis ? **72** Quid tibi et filiis Christi
christianis, o tenebra ? Quid tibi et filiis lucis, o immunde ? **73** Recede
a cordibus nostris, recede, praecipimus tibi in nomine magno Iesu
Christi; cognovimus te, o seductor; recede, o invidiose. **74** Nam
Deus abiecit te de caelo, et elegit nos potius quam te; et ille habet
potentiam super nos et super te. **75** Nos in eum peccavimus et ad
eum paenitentiam-agimus; habemus ad eum rogationem ut complaceat
nobis; habemus corpus eius et sanguinem eius; ille sicut pater et Deus
castigat nos, et non desiderat mortem nostram, sed (ut) convertamur et

---

[25] *Matth.*, xxv, 41. — [26] B : inimici sunt in grege Christi. — [27] *Litt.* caput suum.

vivificet nos et salvet nos [28].   **76**   Tu autem recede ad ignem ardentem
qui non exstinguitur, qui praeparatus est tibi et omnibus angelis tuis [29]
et eis qui sequuntur te et faciunt voluntatem tuam».

XIV. 1 Hic est sermo Zachariae patriarchae (*bṭryrk*) quem locutus
est ad gregem bonum in monte Olivarum ; et quando perfecit sermonem
suum cum eis, audivit rumorem magnum ; et respexit ut videret, et ecce
advenerant hostes Persae qui propellerent eos (captivos).   **2**   Et quando conspexit eos et cognovit quia iam exivit e Ierusalem et separatus
est ab ea, dixit congregationi sicut dixit Christus discipulis :   **3**   « O filii
mei, surgite nobiscum [1], abeamus, corpora nostra erunt cum inimicis,
corda autem nostra cum Christo ; benedictus Christus».   **4**   Tunc convertit se ad orientem et oravit et dixit : « Benedictus est Dominus noster
et Deus noster Iesus Christus ; benedictus Christus in omni re».   **5**   Tum
conversus est ad Sion, et quasi sponsus consolatur sponsam, ita factus
est Zacharias patriarcha (*bṭryrk*) consolans Sion cum fletu, et extendebat
manus suas et clamabat   **6**   et dicebat : « O Sion, tibi pax sermone
tristi qui flere-facit corda ; pax tibi, o Ierusalem ; pax tibi, o terra
sancta, super omnem terram pax ; te salvet Christus qui elegit te ;
7   pax tibi, o Sion, pax vitae-aeternae tibi ; et haec est ultima salutatio
mea ad te ; o Sion, quae spes est mihi, et quot anni, ut conspiciam te
iterum ?   **8**   Laus illi qui separavit me a te.   **9**   Pax tibi, o Sion,
o lux mundi, nam vita descendit in te ; Spiritus descendit in te ; in te
evangelizavit pacem, et in te emissa est maledictio ; in te venit salus,
et in te venit ira.   **10**   O muri Sion, o muri Ierusalem, flete super me ;
sed Deus exaedificabit te, et veniet super te laus.   **11**   Sed quid utile
est mihi, seni infirmo ? Quomodo conspiciam te ? Non conspiciam faciem
tuam iterum.   **12**   Rogo te, o Sion, ut memineris mei cum veniet ad te
Christus ; o Sion, ne obliviscaris mei famuli tui, ne obliviscatur tui
creator tuus ; nam si ego oblitus ero tui, o Ierusalem, obliviscatur dextera mea, adhaereat lingua mea palato meo si non meminero tui [2].
13   Pax tibi, o Sion, quae eras civitas mea, et nunc factus sum aliemus
a te ; adoro te, o Sion, et adoro illum qui habitat in te ; hodie amoveor a
te, o Sion.   **14**   Sed vae mihi ! O mors, in quem locum abiisti ? Cur
latuisti me cum reliquisti me vivere et conspicere hanc tristitiam ?
15   Mori et interfici gladio dulcius est quam separari a te, o Sion ; interfici gladio dulcius est quam separari a te, o Ierusalem.   **16**   O Domine,

[28] *Ezech.*, xviii, 23 ; xxxiii, 11. — [29] *Matth.*, xxv, 41.

XIV.   [1] *Id est* eamus ; cfr *Matth.*, xxvi, 46. — [2] *Ps.* cxxxvi, 5-6.

transeat a me hic calix [3].   **17**   O mater, cur genuisti me ad tristitiam ?
O Sion, cur educavisti me a pueritia mea, et cur separatus sum a te ?
Ego sicut ille iustus (dico) : Et cur et intra Sion non mortuus sum ? [4]
18   Cur non interfectus sum cum filiis Christi ? Nam nunc dormirem
et tranquillus essem ; dormirem somnum aeternum et requiescerem. Ne
obliviscaris clamorem filiorum tuorum, o Sion ; memento nostri, o Sion,
cum meminerit tui Christus ».   **19**   Hunc sermonem pronuntiabat
Zacharias patriarcha (*bṭryrk*) pastor bonus quando conversus erat ad
Ierusalem. O dilecti mei, quis computaret fletum eius in illa hora, et
quis est qui narraret eum ?

XV.   1   In illa hora, venit turba christianorum et narrabant ei dicentes : « Advenerunt hostes volentes vos comprehendere ». Et quando conspexerunt eum flentem et lamentantem de separatione a Ierusalem, non
potuerunt corda eorum pronuntiare nec verbum unum ad pastorem
suum patriarcham (*bṭryrk*).   **2**   Tum accesserunt Persae ad eos et
apprehenderunt eos ; et ceperunt manum patriarchae (*bṭryrk*) Zachariae
et propulerunt eum sicut propellitur agnus ad immolationem.   **3**   Et
quando conspexit eos sanctus flevit fletu vehementi et coepit converti
ad Ierusalem et salutare eam donec amotus est ab ea ; et patriarcha
(*bṭryrk*) movebat caput suum dicens :   **4**   « Pax tibi, o Ierusalem ; ne
obliviscaris famuli tui, nam tu scis quomodo dilexerim te et quantus
fuerit famulatus meus in te ; et ego peto a te ut memineris mei et huius
turbae cum petes a Christo.   **5**   Pax tibi, o Sion ; pax tibi, o Ierusalem ;
pax tibi, o Anastasis ; pax vobis, o omnia loca Dei sancta ; donum (Dei)
sit nobiscum et vobiscum. Amen ». Et clamaverunt omnes christiani :
«Amen, amen, fiat ita, fiat ita».   **6**   Et erant descendentes a Monte
Olivarum ad viam Iericho et Iordanis.   **7**   O dilecti mei, qualis tristitia,
qua maior non est, fuit in illa die super omnes christianos [1] !   **8**   Quomodo genitores flebant super filios suos ! Quomodo filii flebant super
patres suos ! Quomodo noti flebant super notos suos ! Quomodo erant
omnes fideles dispersi, sicut bestiae, ab invicem, uxor a marito suo,
pater a filio suo, frater a fratre suo !

XVI.   1   Et quando devenerunt in via, erat inter eos homo sanctus e
christianis Hierosolymae, ex eis qui captivi facti sunt ; et erat unus e

---

[3] Cfr *Matth.*, xiv, 36. — [4] *Iob*, x, 18.

XV. [1] *Litt.* super totum christianismum.

XVI. Haec narratio armeniace : *Varkʿ srbocʿ harancʿ*, II, Venetiis, 1855, p. 462-463.

diaconis Anastasis; et nominabatur Eusebius (*'ws'byws*). **2** Et erant
ei duae filiae, una octo annorum, et altera decem annorum; et erant
pulchrae valde. **3** Et apprehendit illas unus e magnatibus Persarum;
et ut vidit eas in tali pulchritudine, dilexit eas valde; et rogavit eas ut
adorarent ignem et ministrarent ei, et impediebat eas a (colenda) religione christianorum. **5** Audite, o fratres, mente, qualis fuerit tolerantia puellarum, et laudate Deum. **6** Statuit eas inimicus coram se,
et accendit ignem magnum, et coepit rogare eas ut adorarent ignem.
7 Et erat pater earum diaconus ad latus eorum, cum inimicus rogaret
eas ut adorarent illum ignem; et pater earum diaconus bonus significabat eis dicens : « O filiae meae, ne faciatis (hoc) et ne excipiatis sermonem
immundum ». **8** Et coepit inimicus perterrere eas, et pater eorum
multiplicabat ad eas sermonem dulcem e Scripturis; et erant sanctae
cruciatae utrinque. **9** Tum iratus est inimicus et destrinxit gladium
suum super illas puellas. **10** Maior autem (natu) erat ante stans;
et dixit ei pater eius : « Ne timeas, o filia mea; confide in potentiam
Christi, confide; et alliga manus tuas a tergo tuo, et tolera necem sicut
toleravit pro te Christus, et transfixum est latus eius hasta ». **11** Et
stetit puella coram inimico sicut praecepit ei pater eius; et percussit
eam inimicus furiose; et facta est martyr Deo, et toleravit mortem et
coronata est corona martyrii. **12** Audite, o fratres, quid egerit soror
eius et quid factum sit ei. **13** Exhibuit eam inimicus ad se et coepit
rogare eam; et non obtinuit desiderium suum; nam putabat quia illa
perterrita erat ab eo quod acciderat sorori eius; et cupivit ut oboediret
ei. **14** Et pater eius rogabat eam, quia volebat custodire eam ab ore
lupi. Audite nunc, o fratres, quid factum sit a patre eius; dixit ei : « O
filia mea, ne sollicita sis, sed tolera et fias victima Christo et gloriatio
mihi; tolera hora una cum sorore tua; ecce ego festino ut sequar vos ».
15 Et quando dixit ei hoc pater eius, levavit inimicus gladium suum
et interfecit puellam parvam. **16** Et quando conspexit pater earum
quod accidit filiabus suis, laetatus est et contristatus est; laetatus est
quia praebuit filias suas (ut) victimam et oblationem Deo; et contristatus est quia remansit post eas et separatus est a filiabus suis.
17 Tum coepit exprobrare inimicum dicens ei : « O miser, quid fecisti?
Quam potentiam habes? Potens fuisti adversus infantes parvas; sed si
es sincerus, iube me quoque adorare ignem hunc ». **18** Et quando
audivit hoc ab eo, impletus est ira et surrexit in eum stridens dentibus
suis, et coepit contundere eum lapidibus et percutere eum in dentes eius.
19 Et ut fecit hoc illi et humiliavit eum res illius, tum iussit ignem

(accendi); et accensus est; et alligavit diaconum et iecit eum in illum ignem. **20** Et fecit eum martyrem Deo et sacerdotem vere per opera eius bona. **21** Imitamini nunc, o auditores, hunc diaconum, nam hic diaconus imitatus est Abraham antiquum; hic enim superavit illum; Abraham praebuit filium suum Isaac immolationi sicut iussus est, et hic diaconus praebuit filias suas neci pro fide Christi; Abraham praebuit filium suum Isaac immolationi, et non immolavit eum revera; hic autem diaconus praebuit filias suas neci, et perfecit hoc revera; Abraham non praebuit se ipsum, hic autem diaconus praebuit filias suas et se ipsum. **22** Quot Iudaei interfecti sunt propter Christum? Putamus quia fuerunt centum et triginta Iudaei. Hodie milia et myriades (hominum) interfecti sunt propter Christum. **23** Quot ex illis mortui sunt propter crucifixionem Christi? Hic autem mulieres et pueri et viri interfecti sunt.

XVII. 1 Audite nunc, ut narrem vobis quod conspexerunt oculi mei; conspexi rem quae obstupefacit mentem. Erant duo fratres inter eos qui captivi abducti sunt e Ierusalem civitate Dei. **2** Et amabant alter utrum, et erant gemelli; et ambo nati erant in hora una, et ambo baptizati erant in hora una, et ambos mater eorum ferebat in educatione; et alter non accipiebat lac ante socium suum, sicut narravit nobis mater eorum misera; et alter non tolerabat amissionem alterius; sed uterque quaerebat socium suum. **3** Et adoleverunt duo pueri et facti sunt decem annorum; et erant sicut una anima in duobus corporibus; et si flebat unus, alter flebat cum eo, et si ridebat unus, ridebat alter; et erat inter eos amor qui non describi potest. **4** Sed audite, o fratres, ut narrem vobis quid acciderit eis. Quis non flebit et contristabitur, et quis non gemet super eos, cum audiet hoc? **5** Quando adoleverunt et facti sunt undecim annorum, separati sunt alter ab altero. **9** Abducti sunt unus ad orientem et alter ad occidentem, sicut agni separati sunt. Et quis poterit describere qualis fuerit inter eos tristitia et sermonem quem dicebant alter alteri? Non siverunt Persae eos alterutrum salutare; et quando separati sunt, facti sunt sicut Ioseph cum separatus est a fratribus suis. **10** Tum post illam tristitiam, e longitudine temporis reversa est in eos tristitia. **11** Quis dixisset aut speravisset conspecturum esse unum ex eis socium suum? **12** Erant sicut homines egressi e sepulcris mortuorum, se convertentes ad dexteram et ad sinistram in via. **13** Et non erant in via una, et non erant pedibus-euntes, sed vehebantur in equis, et non convertebantur, et non poterant

consistere.   **14**   Et dum illi eunt, ecce conspexit unus alterum; et cum
agnovit eum, exaltavit vocem suam, et dixit et clamavit voce alta et
dixit : « Adiuro te, o iuvenis, in nomine Christi; nonne es tu ex Ierusalem
civitate Dei ? Nonne es tu filius Iohannis ducis ? »   **15**   Et respondit
ei alter et dixit : « Utique, et ego frater tuus sum ».   **16**   Tum clamaverunt et vociferati sunt alter ad alterum cum sermone (et) cum fletu
oculorum, fletu alto.   **17**   Et non potuerunt descendere ab equis, quia
domini eorum impediebant eos ab hoc, et equi currebant.   **18**   Et
lapides, o dilecti mei, clamabant cum fletu, quando convertebantur
alter ad alterum; fletus multiplicabatur super homines; alter clamabat
ad alterum et dicebat : « O frater mi, sta ad me, exspecta me, per lac
quod suximus ego et tu; exspecta me, per Iesum Christum; cur stetisti
ad me, o frater mi, ut conspicerem faciem tuam ? Exspecta me, ut
coniungam labia mea labiis tuis; exspecta me, ut solatium-accipiam
per te, et tunc abeas in pace ».   **19**   Et frater eius respondebat ei dicens
ei : « O frater mi, quomodo exspectem te ? Putas quia possum conspicere
te, et impedior; non possum, quia non habeo potestatem in me ipsum;
et non possum consistere ad te.   **20**   Abi, o frater mi, abi; Deus est qui
consolabitur te; roga Deum ut det tibi patientiam; o frater mi, iam
reliquisti me vice prima, et haec vicis secunda peior est mihi quam vicis
prima.   **21**   Sed spero quia conspiciam te in die ultima et solatium-
accipiam; pax tibi, o frater mi, pax tibi a Deo qui potens est ut videre-
faciat me faciem tuam; nam ille est clemens (et) misericors ».   **22**   Et
ita loquebantur, donec separati sunt; et quando remotus est alter a
socio suo, multiplicata est tristitia super eos; nam ubi separati sunt
primum tristitia imminuta erat eis; et ut conspexit alter alterum in via
et collocuti sunt alter cum altero, renovata est tristitia eis dupliciter et
vulneravit corda eorum.

XVIII. 1   Et nunc, o dilecti mei, opus est ut perficiamus quod
incepimus, et necessarium est perficere illud; et narrabimus vobis
qualis fuerit ingressus noster in terram Persiae.   **2**   Ante ingressum
nostrum in eam, concluserunt nos in aula magna; tum posuerunt super
limen illius loci, in via qua ducebamur in illum locum, crucem Christi.
3   Et sicut agni cum exeunt ex ovili, ita educebant (nos) festinanter,
dicentes nobis : « Conculcate crucem ».   **4**   O fratres, qui oboediebant
eis moriebantur morte aeterna; et qui non oboediebant eis, interficiebant eos gladio.   **5**   Nam (homines) gerentes gladios stantes erant ad
ianuam et interficiebant martyres.   **6**   Et pauci ex eis exibant propere

et renegabant Deum.   **7**   Maior autem pars hominum facti sunt martyres, nam ubi est multitudo cruciatus, ibi est multitudo requiei; multi e mulieribus et viris martyres fuerunt in illa hora.   **8**   Et quando pervenimus in illum locum, non pellebant nos ad flumen Iordanem, sed ad flumen Persiae; non pellebant nos ad balneum, sed ad flumen sanguinis; non abibamus hilares ad mār Iohannem Baptistam, sed ad regem Persarum, qui dicebatur Chosroes (*ḫsr'ys*).   **9**   Et quando pervenit Zacharias patriarcha (*bṭryrk*) ad ianuam, recordatus est captivitatis filiorum Israel et dixit : « Benedictus est Deus noster, quomodo omnia quae fuerunt in tempore Moysis ab antiquo facta sunt in tempore discipulorum Christi in evangelio ».   **10**   Tum petivit Zacharias patriarcha (*bṭryrk*) a Persis ut sinerent homines requiescere a labore suo; et quando aboediverunt ei, congregavit omnes diaconos et monachos et stetit in medio eorum; tum adoravit ad orientem, et adoraverunt illi etiam sicut ille.   **11**   Et surrexerunt homines cum eo; et iussit patriarcha (*bṭryrk*) unum ex illis qui erant cum eo incipere canonem (*q'nwn*) et recitare tres psalmos e canone (*q'nwn*) quorum primus erat centesimus undevicesimus : « Tristitia contristatus sum et invocavi Deum » [1], et secundus centesimus vicesimus primus, cuius initium erat : « Laetatus sum in his quae dicta sunt mihi » [2]; et erat recitatio eorum cum fletu et tristitia, et erat in eis tristitia multa.   **12**   Et patriarcha (*bṭryrk*) recitabat et dicebat : « Captivus factus est locus meus et habitavi in habitationibus filiorum Cedar » [3]; et alius recitabat dicens : « Firmi sunt pedes nostri ut intrent in aulas tuas, Ierusalem » [4]; et alius dicebat : « Quando avertit Deus captivitatem Sion, facta sunt corda nostra laeta » [5].   **13-14**   Et cum perfecta est haec recitatio, ascendit patriarcha (*bṭryrk*) Zacharias super arcem excelsam, et cantavit super eam alleluia quod cantant monachi; et fletus patriarchae (*bṭryrk*) faciebat omnes homines flere et lamentari (?); tum responderunt agni pastori; deinde repetivit eis iterum alleluia, et responderunt ei.   **15**   Et quando dixit hoc, extendit manum suam ad ripam fluminis ostendens turbae quid faceret; et coepit recitare et dicere : « Apud flumen Babylonis sedimus et flevimus quando recordati sumus Sion; si oblitus ero tui, o Sion, obliviscatur dextera mea » [6].   **16**   Et quando perfecit hoc verbum, fleverunt omnes homines et inclinaverunt capita sua ad terram; et pastor bonus patriarcha (*bṭryrk*) cantabat Christo cum fletu et gemitu; sed cohibebat se ipsum prae miseratione sua pro grege.   **17**   Et manserunt homines per tempus

XVIII. [1] *Ps.* cxix, 1. — [2] *Ps.* cxxi, 1. — [3] *Ps.* cxix, 5. — [4] *Ps.* cxxi, 2. — [5] *Ps.* cxxv, 1-2. — [6] *Ps.* cxxxvi, 1, 5.

longum rogantes Deum ; tum praecepit patriarcha (*bṭryrk*) eis qui erant cum eo ut congregarent omnes pueros parvos a decem annis ad quinque annos ex eis qui captivi facti sunt ; et quando congregaverunt eos, erat numerus eorum tria milia ; et non impediverunt eos hostes ab illa (re), sed conspiciebant quodcumque faciebant. **18** Et quando adduxerunt gregem bonum, accepit eum patriarcha (*bṭryrk*), et statuit turbas eorum post se, et iussit eos clamare voce alta, dicentes : « O Domine, miserere nobis ». **19** Et patriarcha (*bṭryrk*) levabat oculos suos ad caelum, manibus extensis, dicens : « Nobis, o Domine, non est apud te existimatio, propter multitudinem peccatorum nostrorum ; nam labia nostra fallacia sunt et manus nostrae impurae et linguae nostrae et animae nostrae non rectae ; remuneratus es nos pro culpis nostris, nam illae sicut onus grave sunt ; et non est nobis existimatio nec parrhesia [7] apud te ut rogemus te. **20** Et nunc accessimus ad te et obtulimus agnos clamantes ; et exaudi eos, o Domine ; o Domine, exaudi (eos) et condona eis, nam corda eorum pura sunt ; et ne respicias, Domine, multitudinem peccatorum nostrorum, et ne avertas faciem tuam ab his infantibus. **21** Memento, o Domine, devastationis ecclesiarum tuarum ; memento, o Domine, devastationis Sion ; memento, o Domine, quid fiat cruci tuae ; memento, o Domine, ecclesiae Resurrectionis sanctae. **22** Memento, o Domine, sermonis tui quem dixisti servis tuis ; tu dixisti : Non relinquam vos orphanos [8] ; o Domine, tu dixisti : Ego ero vobiscum in omnes dies et in consummationem saeculi [9]. **23** Tu es condonator clemens ; ne condemnes, o Domine, servos tuos, nam opera nostra non recta sunt coram te ; accipe, o Domine, hanc invocationem a servis tuis et creaturis manuum tuarum ; afflicti sumus, o Domine, et captivi facti sumus ; et nos stantes sumus coram inimico ; tu, Domine, adiuvas omnes qui confugiunt ad te ». **24** Hoc sermone pastor bonus se humiliabat ad Deum ; et quando conspeximus infantes vociferantes et impares clamoribus, coepimus petere a Deo cum timore et tremore. **25** Nam audivimus sermonem regis et timuimus ; et rogabamus Deum ut non tribueret regi potestatem super nos et non cogeret nos (rex) credere in idola sua. **26** Tunc consolatus est nos patriarcha (*bṭryrk*) et aperuit os suum sanctum et induit Spiritum sanctum, et dicebat : « Deus clemens desiderat salutem mundi, ut reducat eos ad veritatem, et non cupit mortem peccatoris, sed conversionem eius exspectat et paenitentiam eius ; et ille cupit fortificare eos qui credunt in eum» [10]. **27** Et coepit

---

[7] Cfr XIII, n. 24. — [8] *Ioh.*, xiv, 8. — [9] *Matth.*, xxviii, 20. — [10] Cfr *Ezech.*, xviii, 23 ; xxxiii, 11.

monere nos et dicere : « O filii mei, cum tradent vos potentibus et regibus, sicut dixit Christus Deus noster, ne curetis quid loquamini, quia Dominus in caelo loquetur pro vobis in illa hora [11].   **29**   Si esset qui tradidit nos in hoc supplicio homo, contristaremur; sed haec res a Deo est : ne igitur pusillanimes simus; nam in manibus eius est vita et in manibus eius est mors; dixit enim : Ego vivere-facio et ego occido [12].   **30**   Cum iubet rex terrestris rem, fit; et quanto magis cum iubet rex caeli rem, cuius in manu est vita et mors !   **31**   Et nunc dicamus cum tribus iuvenibus : Nobis est Deus in caelo, et ille potest salvare nos e manibus huius gentis [13].   **32**   Nam, o dilecti mei, sicut voluit Deus, ita fuit. **33**   Pervenimus ad locum ubi erat fornax ignis in quam iacti sunt tres iuvenes; nunc deveniemus ad fornacem ignis; nunc conspiciemus puteum Danielis; et cum conspiciemus loca eorum, festinabimus et imitabimur eos.   **34**   Ne timeamus nec solliciti simus etsi conspicimus supplicium; nam Christus, qui est in caelo, refrigerabit pro nobis fornacem ignis et placabit leones.   **35**   Nam cum multiplicantur calamitates, multiplicatur miseratio; et ita Deus recordabitur nostri et adiuvabit nos in hac adversitate; Deus mittet nobis misericordiam suam ad tempus supplicii.   **36**   Induamus nos Spiritum sanctum et apprehendamus crucem, nam illa est fortitudo nostra; ne renegemus Christum, nam Deum nostrum accipimus et nos domicilium Spiritus sancti, nam ille est verbum Dei.   **37**   Toleremus necem propter Christum ut faciat nos martyres; moriamur [14] pro religione [15] nostra, et stupebunt inimici cum considerabunt nos morientes pro religione [15] nostra. **38**   O fratres, fortificamini, nam Christus est nobiscum et omnes angeli eius et martyres eius; quis deus est sicut Deus noster [16] ? Ille pugnat pro nobis; ille dixit : Ego ero in salute vestra ad finem saeculi »[17]. **39**   Et quando audierunt homines hunc sermonem et hanc invocationem, reliquerunt curas a cordibus suis.

XIX. 1 Volo nunc, o fratres, notificare vobis quod factum est; audite, o filii, quod factum est; nam scio quia vos desideratis audire quod factum est ante hanc diem. Et quando scivit rex Persa quia appropinquaveramus ei, convocavit convivas suos, magos et sagos et astrologos.   **2**   Et dixit eis : « Ecce potentia ignis tradidit nobis civitatem christianorum, civitatem magnam Ierusalem et crucem quam

---

[11] *Matth.*, x, 19. — [12] *Deuter.*, xxxii, 39. — [13] *Dan.*, iii, 17. — [14] *Litt.* interficiamur; *lege* nq'tl *pro* nqtl ? *Cfr iber.* instruamur et pugnemus. — [15] *Plur.* A. — [16] *Ps.* lxxviii, 14. — [17] Cfr *Matth.*, xxviii, 20.

adorabant et ducem eorum magnum in manus nostras; et cras intrabunt ad nos; nunc providete ut faciatis cum eis opus cui non poterunt
facere simile; et si viceritis eos praemia multa reddam vobis». **3** Unus
autem e magis respondit regi et dixit ei : « O rex, vive in saeculum; de
duce autem christianorum ne maereas, nam cras scies quales servi sint
tibi et quales convivae sint tecum ». **4** Et quando intravimus in
civitatem, pepulerunt nos sicut agnos ad immolationem, et statuerunt
nos coram rege, et crux etiam stans erat ante eum, sicut erat Christus
stans ante Pilatum; et irridebant cruci et ludebant ea inter se. **5** Tunc
stetit pastor bonus Zacharias patriarcha (*bṭryrk*) coram rege, sicut stetit
Moyses coram Pharaone et sicut stetit Daniel coram Nabuchodonosor
(*bḫtn'ṣr*) rege Babylonis; et ostendit ei Deus miracula sua per crucem,
sicut ostendit Deus Pharaoni per virgam Moysis. **6** Et accepit illum
magum confusio sicut Aegyptios. Et quando conspexit rex homines
qui accesserunt ad eum, gloriatus est et exaltatus est, et in superbia sua
paene exaltabatur ad caelum. **7** Et erat Christus per potentiam
suam qui descendere eum faciebat in terram. **8** Tunc iussit rex ut
accedere facerent ad eum ducem bonum Zachariam; et rex dicebat :
« Quis est hic et unde est ? Et quae sunt quae potest facere miracula, ut
conspiciamus et credamus ? ». **9** In sancto autem Dei erat Spiritus
Dei habitans; non sollicitus fuit nec timuit in illa hora, nam oculi eius
erant directi ad caelum et cor eius invocabat Iesum Christum, et
respiciebat in crucem sanctam et auxilium-petebat ab ea sicut (ab)
angelis. **10** Et dixit regi : « O rex, ego sum homo peccator, multas
habens culpas; et ecce nunc conspicis nos traditos in manus tuas ut
castiges nos propter peccata nostra; et ego non tempto Deum meum,
sed cum gratitudine accipio quodcumque advenit mihi». **11** Et dixit
ei rex : « Et quomodo dicitis (quia) non est deus sicut Deus vester; ecce
nunc ego notifico vobis quia religio mea maior est quam religio vestra».
12 Tunc vocavit rex magum cui locutus erat et dixit ei : « Narra mihi
quid velis facere; ostende mihi potentiam ignis tui ». **13** Et dixit
magus coram hominibus patriarchae (*bṭryrk*) : « Narra mihi quid fecerim
ego heri et quidnam velimus facere hodie, et ego sciam quia potentia
Dei tui magna est; sin autem, narrabo tibi quod fecisti tu heri et quod
vis facere hodie»; et dixit magus : « Si ego narravero tibi, credes in ignem
et relinques christianismum». **14** Et cum audivit hoc pastor bonus
(et) mitis Zacharias patriarcha (*bṭryrk*), intravit in eum Spiritus sanctus,
et dixit regi : «Non licet famulis tuis ut sint coram te irridentes et mentientes regno tuo ». **15** Et quando audivit rex, iuravit coram igne et

dixit : « Si fuerit famulus meus mentiens, iubebo interfici eum; et si verum dixerit, iubebo interfici ducem christianorum ». **16** Tunc laetatus est sanctus patriarcha (*bṭryrk*); et accessit sanctus Zacharias patriarcha (*bṭryrk*) ad illum magum et dixit ei : « Narra mihi, narra mihi, o inimice Dei, potesne narrare mihi quid fecerim et quid velim facere ? ». **17** Dixit ei magus : « Utique, ego possum illud facere ». **18** Tum extendit pastor bonus manum suam et cepit virgam quam tenebat magus, et dixit mago : «Narra mihi, percutiamne te hac virga, annon ?». **19** Et quando audivit magus, obstupuit et tacuit; et recogitabat inter se ipsum et dicebat : « Iam perii; quid faciam et quid loquar ? Si narravero ei quia vult me percutere, non percutiet me; et si narravero ei quia non percutiet me, percutiet me; vae mihi, remansi perditus; ubi est nunc potentia ignis ? Veniat nunc et salvet me ». **20** Et cum recogitaret hoc, non potuit quicquam dicere et erat tacens; tum iussit (rex) eum interfici. **21** Et ut conspexit hoc magus, perturbatus est et timuit et apprehendit eum tremor; et nemo (ex eis) appropinquavit cruci, nam illi omnes timuerunt eam.

XX. 1 Et nunc, o fratres, narravi vobis quod factum est ante ingressum nostrum Babylonem; nam ego non ingressus sum cum duce patriarcha (*bṭryrk*) Babylonem, et non conspexi id quod fecit mago; nam ego miser non toleravi cum captivis; et fuerunt ibi nonnulli ex eis qui captivi facti sunt qui fugerunt a Persis; et fugi ego cum eis et reversus sum ego Ierusalem, ego pauper qui non habui tolerantiam ad finem. Et nunc, o fratres, non desideravi scribere nisi quod conspexi; sed petivi a fratribus qui fugerunt post me a Persis, nam illi adfuerant rebus quae evenerunt de patriarcha (*bṭryrk*) et mago; et narraverunt mihi et scripsi quod audivi ab eis. **2** Monachus autem qui dicebatur abbas Symeon narravit mihi de patriarcha (*bṭryrk*) sancto Zacharia quia, **4** quando comprehenderunt eum Persae, accepit eum una ex ancillis regis; et accepit palum crucis, nam erat christiana nomine (erat enim nestoriana); **5** et accepit cum eo multitudinem captivorum in aulam palatii (*bl'ṭ*); et praestabat eis victus, et mittebat ad ducem Zachariam patriarcham (*bṭryrk*) omnem honorem, et mittebat ei incensum odoriferum et excelso-pretio ut turificaret cruci. **6** Et post dies multos inviderunt quidam e Iudaeis patriarchae (*bṭryrk*), pastori bono, propter honorem quem accipiebat a muliere ancilla regis, et accusaverunt eum fornicationis cum puella iuveni. **7** Tum rogaverunt Iudaei puellam ut narraret regi illud; et accessit puella et narravit regi id quod docuerant eam Iudaei. **8** Et arcessivit rex patriarcham (*bṭryrk*); et ut advenit, stetit coram rege; et Iudaei venerunt ad regem adducentes puellam habentem infantem parvum et clamantem et dicentem : « Hic infans quem habeo est ex hoc sene »; et erat infans quindecim dierum et [1] amplius; et clamabat (puella) voce alta. **9** Et patriarcha (*bṭryrk*) stans non loquebatur; et dixerunt ei principes : « Loquere, o senex ». **10** Tum patriarcha extendit manum suam et accepit infantem et tulit eius super manus suas et cruce signavit os eius et dixit ei : « O infans, loquere in nomine Iesu Christi et narra coram hac turba tota : vere ego sum pater tuus ? ». Et respondit infans et dixit : « Non, vere non tu es pater meus ». **11** Et obstupuerunt omnes qui aderant quando audierunt infantem loquentem; et inde ab illa die, obtinuit Zacharias maiorem honorem apud regem; et rex tenebat eum ut prophetam.

XXI. 1 Et rursus narravit nobis abbas Symeon, o fratres, aliud miraculum et dixit quia erat ibi homo e principibus palatii (*bl'ṭ*), et habebat mulierem sterilem; et tractavit eam omnibus medicinis, et non obtinuit puerum. **2** Et quando vidit maritus eius patriarcham (*bṭryrk*) et cognovit eum et quia sanctitatem habebat, rogavit eum ut oraret ad Deum suum, ut per orationem sancti Zachariae daret ei filium. **3** Tunc stetit patriarcha (*bṭryrk*) adversus orientem coram ligno crucis et flevit fletu vehementi, et perfecit orationem suam; tum cepit aquam et abluit faciem suam, et dedit loturam aquae homini illi insigni et dixit ei : « Abi et committe hanc aquam mulieri tuae et effice ut ungat faciem suam ea, et si desiderat bibere eam, bibat eam ». **4** Et discessit ille princeps cum aqua ad mulierem suam et dedit ei illam (aquam); et (mulier) accepit eam et rogavit quemdam famulorum suorum et dixit : « Unde est haec aqua ? »; et dixit ei famulus : « Huius aquae causa est quod ille senex christianus est qui misit eam ad te »; et quando audivit illud, iussit eam effundi. **5** Et cum reversus est maritus eius ad eam, dixit ei (mulier) : « Loturam aquae qua ablutus est hic senex christianus opus erat tibi ut mitteres eam ad me ut abluerem ea faciem meam aut biberem eam ? ». **6** Et quando audivit maritus eius hunc sermonem ab illa, dixit ei : « Et non bibisti eam, nec unxisti ea corpus tuum et faciem tuam ? »; et dixit ei : « Non, sed iussi eam effundi ». **7** Tum rogavit eam : « In quo loco effusa est ? »; et discessit ad locum,

XX. [1] *Lege* vel? *Cfr iber.* vel viginti.

et consideravit locum in quo effusa est aqua; et ecce germinaverant in illo loco duo rami myrti ex illa aqua. **8** Et exstirpavit eos homo, et attulit eos mulieri suae; et dixit ei : « Vide, o stulta et [1] misera, quomodo perdideris te ipsam; nam Deus voluit praebere tibi filium; si bibisses eam, sicut duos hos ramos genuisses duos pueros in superbia; sed non digna fuisti illa (re), nec obtinuisti desiderium tuum ». **9** Et paenituit mulierem paenitentiā, et nihil utile ei fuit et remansit sine filio usque ad diem mortis suae.

XXII. Et nunc, o fratres, ne solliciti sitis, sed audite, ut narrem vobis. Ut longum peregit tempus patriarcha (*bṭryrk*) in terra Persiae et Babylonis, scripsit epistulam a terra Persiae et Babylonis ad incolas Hierosolymae; et in ea hic sermo erat scriptus :

Christus Deus meus et potentia mea et spes mea et salus mea. Haec est [epistula] Zachariae patriarchae (*bṭryrk*) a terra Babylonis ad eos qui remanserunt in Ierusalem christianos. **1** Ad sponsam viduam, ecclesiam Sion, et ad civitatem sanctam a qua ablati sunt filii eius, civitatem regis magni, et ad gregem qui non habet pastorem [1] Ierusalem, et ad ecclesias Dei et ad omnes qui remanserunt in eis filios Christi, a Zacharia patriarcha (*bṭryrk*) misero. **2** Hanc epistulam, epistulam laetitiae, direxi vobis, o filii Ecclesiae; misi vobis misericordiam et miserationem a Christo, patre nostro misericorde et condonatore. Et hoc est initium scripti mei ad vos. **3** Sit nomen Domini benedictum, quia ille non ad mensuram peccatorum nostrorum et propositorum nostrorum et culparum nostrarum reddidit nobis [2]. **4** Sed vae mihi, quia amotus sum a Sion et habitavi in domiciliis Cedar [3], sicut dixit David propheta; ita ego recito et dico nocte et die labiis meis (quae) non desistunt [4] ab hoc verbo : « Si ego oblitus ero tui, o Ierusalem, obliviscar dexteram meam » [5]. **5** Scitote, o fratres, quia consedimus super flumen Babylonis et flevimus cum recordati sumus Sion [6] et Golgotha sanctum et Sepulcrum et Bethleem illustrem. **6** Ecce, o fratres, levavimus oculos nostros ad montes, unde veniat salus nostra [7]. **7** Audite, o (vos) quos salvavit Iesus Christus e manibus inimicorum et liberavit a tristitia; audite vocem meam, pastoris Zachariae; ne miremini quia Deus liberavit vos a captivitate inimici,

XXI. [1] *Litt.* et o.

XXII. Epistula graece : P. G., 86, 2, col. 3227-3234. — [1] Cfr *Matth.*, ix, 36. — [2] *Ps.* cxii, 2; cii, 10. — [3] *Ps.* cxix, 5. — [4] *Litt.* tacent. — [5] *Ps.* cxxxvi, 5. — [6] *Ps.* cxxxvi, 1. — [7] *Ps.* cxx, 1.

8 sed cavete ne erretis nunc ; parati estote, et ne timeatis et ne abeatis et fiatis sicut Lazarus pauper et dives **9** et vivatis in requie et nihil conspiciatis de calamitate et cruciemini cruciatu qui non habet finem. **10** Videte ne laetemini et multiplicetis bibitionem vini, et in caelo non inveniatis haustum aquae. **11** Ne gloriemini, o fratres, nam non quia vos boni estis liberavit vos Deus, sed vos estis paucae fidei. **12** Custodite vos ipsos, quia vobis multae sunt culpae, cum conspicitis fratres vestros in supplicio ; nonne scitis quia cum statis coram praeside, statis cum timore et tremore ; quanto magis coram creatore caeli et terrae ? **13** Ne gaudeatis quia nonnulli e vobis captivi facti sunt et vos relicti estis. **14** Audite verbum Domini, ubi dixit : « Forsitan congregatio (eorum) quorum miscuit Pilatus sanguines victimis idolorum erant pessimi hominum ? Non dico vobis illud ; sed et vos nisi paenitentiam-egeritis ita peribitis sicut illi » [8] ; et rursus dixit : « Considerate duodeviginti super quos cecidit turris Siloe (*slw'n*) : nonne illi erant peccatores plus quam omnes qui erant in Ierusalem ? Nunc dico vobis : nisi paenitentiam-egeritis ita peribitis sicut illi » [9]. **15** Audite et timete et ne obliviscamini nostri, cum simus nos et vos corpus unum, et nos captivi ; audite Paulum quomodo dixerit : « Si acciderit membro uni aliquid, membra omnia patiuntur » [10] ; et rursus dicit : « Quis infirmus est, et non infirmus sum cum eo ? » [11]. **16** O fratres a vobis ipsis scitote tristitias nostras, nam vos sicut nos estis ; et ne obliviscamini nostri, o fratres ; ne dicatis : « Nos facti sumus inimici fratrum nostrorum, et facti sumus alieni a filiis matris nostrae Sion » [12]. **17** Inclinate corda vestra ad eos qui sunt in adversitate et estote sicut illi, et condolete omnibus qui sunt in tristitia et cruciatu. **18** Fiatis sicut illi qui captivi facti sunt ; ne spolietis vos ipsos a tristitia, et non spoliabimini a coronis ; nam veniet hora in qua dabuntur coronae. **19** Et omnes qui vivunt in deliciis fient sicut ille dives ; et qui patientes fuerunt in labore et miseria cum Lazaro paupere laetabuntur dicentes : « Cur non toleravimus adversitates alias cum Christo ? Sed multiplicabamus requiem ». **20** Clamate ad Christum dicentes : « Transivimus per ignem et aquam, et eduxisti nos in requiem » [13] ; et dicite rursus : « Multae sunt tristitiae iustorum » [14], nam sicut probatur aurum in igne, ita probantur boni » [15] **21** Ne gloriemini, o filii mei, ne gloriemini quia salvati estis ex his adversitatibus, sed conamini et solliciti estote cum qualibus operibus bonis occurratis Deo vestro ; recedite ab operibus vestris impuris et multiplicate

---

[8] *Luc.*, XIII, 1-3. — [9] *Luc.*, XIII, 4-5. — [10] 1 *Cor.*, XII, 26. — [11] 2 *Cor.*, XI, 29. — [12] Cfr *Ps.* LXVIII, 9. — [12] *Ps.* LXV, 12. — [14] *Ps.* XXXIII, 20. — [15] Cfr *Prov.*, XVII, 3.

orationes et invocationem. **22** Si Petrus (*bṭrs*) apostolus renegavit et deiectus est a gradu (suo), magis vos, si non recordamini Domini vestri; nam si non recordamini, condemnabimini in die ultima. **23** Aperite oculos vestros et solliciti estote ad orationes; nos conclusi sumus, et vos in requie, et nos in cruciatu; vos habetis servos qui ministrant vobis, et nos in servitute ministramus. **24** Audite Dominum, quomodo dicat : « Mensura qua mensi eritis metietur vobis » [16]. **25** Mementote quando praecepi vobis cum starem in Sion : « O filii mei, video vos quia neglexistis orationem et legem (*n'mws*) et canones (*q'nwn*), et quousque, nescio, miserebitur Deus super vos; nescio quomodo futurus sit finis vester »; et respondebatis mihi dicentes quia : « Deus misericors est et non creavit nos ut cruciaret nos; sed Deus est qui salvabit nos »; audite quid dixerit David propheta : « Deus perdet malos [17] et dabit unicuique ad mensuram operum eius » [18]. **26** Et eratis irati super me; tum venit ira Dei; tunc surreximus e somno et cognovimus quia decipiebamus nos ipsos et sperabamus spem inanem; castigati sumus, sed non omnes perterriti sumus. **27** Et vos nunc, cavete ab ebrietate et cavete a peccatis et culpis; solliciti estote de ecclesiis vos omnes et festinate ad illas; et dividite possessiones vestras debilibus, et ne timeatis; o homo, ne abscondas possessiones a fratribus tuis, et Christus liberabit te ab inimicis et non tradet animam tuam eis; nam cum possit homo salvare fratrem suum et non salvet eum, ab eo [19] rogabit Deus sanguinem illius. **28** Peto a vobis ad mensuram potentiae vestrae ut faciatis mandata sive possessione sive oratione sive ieiunio sive fletu, nam multitudo tristitiarum est salus animabus. **29** O fratres, nos captivi rogamus vos et petimus a vobis ut petatis a Deo ut miseratur nobis et misereatur infantibus et viduis et reducat nos ab hoc cruciatu ad Ierusalem. **30** O Sion, filii tui recordantur tui in pace; o Sion, accipe salutationem nostram; o Sion, recordare filiorum tuorum dicentium : O Sion, ne obliviscaris nostri et (ne) obliviscaris invocationis nostrae. **31** Pax vobis a nobis, o loca Dei suavia; o Anastasis, pax a nobis tibi et Sepulcro; o Anastasis, salutant te filii tui captivi. **32** O Ierusalem, pax a nobis tibi et omni loco (qui) in te (est); pax a nobis omnibus captivis Monti Olivarum benedicto; a nobis pax Bethleem sanctae, a nobis pax; o Bethleem, recordare famuli tui et filiorum tuorum captivorum. **33** Pax a domino nostro Iesu Christo sit nobiscum et vobiscum.

— [16] *Marc.*, IV, 24. — [17] Cfr *Ps.* V, 5-6; c, 8. — [18] *Ps.* LXI, 12. — [19] *Litt.* a collo eius.

XXIII. Audite, o fratres, quot invenerunt mortuos in Ierusalem post ingressum Persarum in eam et post captivitatem. **2** Erat homo qui dicebatur Thomas, qui remansit ex incolis Hierosolymae cum muliere sua. **9** Narravit nobis et dixit nobis : **10** « Mansi in Ierusalem (ut) quaererem mortuos qui interfecti sunt. **11** Veni ad monasterium mār Georgii [1] martyris, et occurri in altari mār Georgii septem animabus e mortuis ; et Deus fortificavit nos et orationes mār Georgii, et sepelivi septem (hos mortuos). Et coepimus sepelire mortuos {et Deus fortificavit nos et orationes mār Georgii (*ǧwrǧs*) et sepelivi septem. Et coepimus sepelire mortuos} [2] qui erant in Ierusalem. **12** Sepelivimus ex aula principatus duodeviginti animas. **13** Et sepelivimus e cisternis ducentas septem et quinquaginta animas. **14** Et sepelivi rursus ex ante portam Sion duo milia ducentas et quinquaginta animas. **15** Et sepelivi ex altari Neae (*nya*) ducentas et nonaginta animas. **16** Et sepelivi ex ecclesia mār Sophiae (*swfya*) trecentas septem et sexaginta animas. **17** Et sepelivi e monasterio Cosmae (*qzm'*) et Damiani (*dmy'nws*) duo milia centum et duodecim. **18** Et sepelivi e schola quae erat in Nea (*nya*) septuaginta animas. **19** Et sepelivi e monasterio Anastasis ducentas et duodecim animas. **20** Et sepelivi e mercatu octo et triginta animas. **21** Et sepelivi e vico Samaritano (*smrtq'*) septingentas tres et viginti animas. **22** Et sepelivi e valle mār Cyriaci (*qyrqys*) mille quadringentas et novem animas. **23** Et sepelivi ex occidente Sion centum sex et nonaginta. **24** Et sepelivi e Probatica (*'brb'tyqy*) duo milia centum et septem animas. **25** Et sepelivi e valle mār Iacobi mille et septingentas animas. **26** Et sepelivi e carnario trecentos et octo. **26a** Et sepelivi e *q'byl* [3] octo milia centum et undecim animas. **26b** Et sepelivi ex ante Pasarionem (*bs'rwn*) mille septingentas et octo animas. **27** Et sepelivi e fonte Siloe (*slw'n*) duo milia trecentas et duodeviginti animas. **28** Et sepelivi in Mamila (*m'ml'*) quattuor et viginti milia quingentas et duodeviginti animas. **30** Et sepelivi e Civitate Aurea mille ducentos et duos. **31** Et sepelivi e monasterio mār Iohannis quattuor milia ducentas et quinquaginta animas. **32** Et sepelivi e gerocomio (*ǧrqwmywn*) regis centum septem et sexaginta animas. **33** Et sepelivi e Monte Olivarum mille ducentas et septem animas. **34** Et sepelivi e matroniciis (*mṭrwnyqya*) Anastasis tres et octoginta animas. **35** Et sepelivi e

---

XXIII. [1] Transcriptionem nominum locorum § 11-42 secundum cod. A invenies apud J. T. Milik, *Mélanges de l'Univ. Saint-Joseph*, xxvii, 7, 1961, p. 137. — [2] *Textum inter* { } *iterum scripsit per dittographiam A.* — [3] Cfr Milik, *op. cit.*, n° 17, p. 178-179.

Mercatu Parvo ducentos et duos. **36** Et sepelivi e Mercatu Magno trecentas septendecim animas. **37** Et sepelivi ex ecclesia mār Serapionis (*sr'bywn*) octo et triginta animas. **38** Et sepelivi ex ante Golgotha octoginta animas. **39** Et sepelivi e speluncis et cisternis et hortis sex milia nongentas et septendecim animas. **40** Et sepelivi ex aula Davidis duo milia ducentas et decem animas. **41** Et sepelivi ex intra civitatem ducentos quinque et sexaginta. **42** Et sepelivi e loco in quo eversus est murus mille octingentas et novem animas. **43-44** Et omnes quas sepelivi in Ierusalem animas bonas ex his et praeter illas, quas interfecerunt Persae, duo et sexaginta milia et quadringentae quinque et quinquaginta».

XXIV. Reditus Crucis postquam reduxit eam Heraclius (*hrql*) e Babylone ad Ierusalem post quindecim annos e regno Heraclii (*hrql*).
1 Chosroes (*ḫsr'ys*) autem rex Persiae habebat filium qui dicebatur Siroe (*sr'ya*); insiluit in patrem suum et interfecit eum in mense āḏār (= Martio). **2** Et erant Romani cum Heraclio rege et pugnabant in Persas pugna vehementi valde; et comprehenderunt civitates multas et interfecerunt milia (hominum); et eos qui captivi abducti sunt a terra Romanorum comprehenderunt. **3** Et post hoc mortuus est Siroe (*sr'ya*) rex in mense nīsān (= Aprili), et regnavit loco eius Artasir ('*rṭ'sa*) filius eius tres menses, et erat parvus; et pacem fecerunt Persae et Romani, quia Heraclius desideravit pacem-facere cum eis; et fugerunt incolae Persiae a facie Heraclii quasi percuterentur gladio. **4** Et misit ad eos Heraclius famulum (quemdam) suum eunuchum qui dicebatur Nerses (*brsa*, leg. *nrsa*), et eunuchus interficiebat Persas. **5** Et Persae dicebant quia: «Heraclius direxit ad nos hominem qui pugnaret in nos, et ille est ad instar mulieris». **6** Et post undeviginti annos post devastationem Herosolymae et postquam interfectus est Chosroes (*ḫsr'ya*) in tertio anno et post viginti annos e regno Heraclii, erat homo qui dicebatur Rasmiozan (*smysd'n*), et erat (unus) e patriciis (*bṭ'rqa*) Persarum; et ille interfecit Artasir ('*rṭ'sa*) regem Persarum et regnavit ille post eum in loco eius. **7** Et misit ad Heraclium regem munera et misit ad eum Crucem magnam (et) benedictam. **8** Et Heraclius rex attulit eam in Ierusalem cum Martina (*mryna*, leg. *mrtyna*) filia sororis suae, nam uxorem duxerat eam, et timuit ascendere in Ierusalem, ne accideret ei quicquam. **9** Et rediit Crux benedicta in Ierusalem vicesima prima (mensis) āḏār (= Martii); et erat Crux in loco in quo erat die qua comprehenderunt eam Persae, et non apertus est; nam ille qui

salvavit arcam a filiis Israel, ille salvavit Crucem ab inimicis. **10** Tunc
fecit Heraclius rex Modestum (*mwdsṭs*), monachum qui eduxerat exercitus a Iericho, patriarcham (*bṭryrk*) super Ierusalem, et consecravit [1]
eum et constituit [2] eum in loco eius. **12** Et abiit Modestus (*m'dsṭs*)
ad eum in terram Syriae ut peteret ab eo de ecclesiis [3]. **13** Et postquam pervenit in Arsūf (*'rswf*) in terra Palaestinae, mortuus est in
mense nīsān (= Aprili), in quinta decima (die) huius (mensis); et rettu-
lerunt de illo quia homines qui erant cum eo bibere-fecerunt eum
venenum et (ita) interfecerunt eum. **14** Et tulerunt corpus eius ad
Ierusalem secreto et posuerunt illud in sepulcreto patriarcharum in
Monte [4]. **15** Domino nostro et Deo nostro et Salvatori nostro gratia-
rum-actio et laus, in saeculum saeculorum. Amen

XXIV. [1] *Litt.* benedixit. — [2] *Litt.* sedere-fecit. — [3] *Litt.* in re ecclesiarum; cfr GRAF,
p. 82. — [4] *Textum §12-14 ed. et interpretatus est* G. GARITTE *in Le Muséon*, 73 (1960), p.
131-132.

TEXTUS B (SIN. AR. 520)

In nomine Patris et Filii et Spiritus Sancti, Dei unici. Haec est enarratio quomodo captiva facta sit Ierusalem et captiva facta sit crux et Zacharias patriarcha (*bṭryrk*) in tempore Persarum impiorum.

I. 1 O fratres mei, dilecti Christi, volo imitari Matthaeum auctorem evangelii et praeconem verbi Dei ; ita praedicavit hic monachus [1] voce pulchra et dixit : «Hic est liber nativitatis Iesu Christi filii David, filii Abraham» [2]. **2** Sed non sicut ille, sed aliter (loquor), nam non narro vobis laetitiam et gaudium, sed voco vos ad tristitiam. **3** Dolete, dolete, o fratres, quia ego hodie tristis sum e multitudine fletus ; condonate mihi quia cupio incipere sermonem meum hunc opposite ad verbum Matthaei auctoris evangelii et dicere : «Hic liber (est) de devastatione Hierosolymae, civitatis Iesu filii David, filii Abraham». **4** Dico hunc librum de captivitate crucis benedictae ; dico hunc librum de devastatione ecclesiarum civitatis domini nostri Iesu Christi ; dico hunc librum de occisione gregis Filii Dei ; dico hunc librum de vulneribus Iesu Christi. Cur nunc ego multiplicem verbum ? Sed moderatus ero in hoc quod incepi. Hic liber repletus est rebus adversis gregis Christi. **5** Et quomodo nominem hunc librum meum, immo omnium qui audiunt eum ? Non nominabo eum codicem, sed nominabo eum tristitiam ; non nominabo eum librum, sed captivitatem ; non nominabo eum epistulam, sed lamentationem ; non nominabo eum laetitiam, sed gemitum. **6** Et ille convertet animam quae audiet eum voce et faciet eam obstupefactam, et eruditio doctorum divulgabitur et pronuntiabitur super eos qui audient eum. **7** O fratres, quomodo factus est mundus divisus ? Quomodo factae sunt ecclesiae Christi ruinae ? Quomodo facta sunt altaria Dei stationes hostibus ? Quomodo solatium spiritale reversum est in lamentationem ? Quomodo devenit Ierusalem, cuius interpretatio (est) « spectaculum bonitatis », in devastationem et tristitiam ? Sed, o dilecti mei audientes, condonate mihi ut incipiam vobis (loqui) de hac civitate et devastatione eius ; notificabo vobis quia Persae sunt qui vastaverunt has civitates, et incipiam vobis a civitate Iesu Christi Ierusalem. Et priusquam incipiam sermonem, confiteor quia non dignus

---

I. [1] *Sic* ABC ; *cfr iber.* ille beatus evangelista clamavit. — [2] *Matth.*, I, 1.

sum, nam similis sum bestiae; sed audebo narrare [3] quod evenit christianis.   8   Et tamen ego rogo vos ut oretis pro me ut det mihi Deus
verbum et aperiat os meum, quia ego timidus sum et nescio quomodo
narrem hanc rem quae superat potentiam et mentem meam, scilicet
hoc mare profundum; nam timeo ne immergar in eo sicut qui non bene
scit natare in medio abyssi; et metuo ne sim exprobratio multis et
dicant : « Hic (est) homo superbus, nam non novit infirmitatem potentiae suae et paucitatem sapientiae suae; et cur ille suscepit hanc rem,
et quomodo audax factus est in huiusmodi sermonem ? ».   9   Et ne
contingat nos hoc totum, enarremus et nos sicut graves eloquentia cum
propheta David hoc verbum quod dixit : « O Domine, labium meum
aperies et os meum narrabit laudationem tuam » [4]. Tum incipiam sermonem et petam a Deo ut donet mihi verbum et aperiat per illud os
meum, nam omne datum bonum a Deo descendit [5] super eos qui credunt
in eum, et (super) nos etiam modicae sapientiae,   10   non dignos illa
(re), sed rogamus sicut servi credentes in eum a domino bono et petimus
ab eo potentiam, ut donet nobis auxilium ad hoc quod incepimus. Nam
vos scitis quia utilitas non pauca immittetur in eos qui audient hunc
sermonem.   11   Nam nos non incipiemus a cogitatione mala neque a
sapientia terrestri neque ab eloquentia corporali, sed ab humiliatione
et fletu et gemitu; incipiemus ab hoc malo quod fuit in Ierusalem e
supplicio; sed nos digni sumus cum castigat nos Deus misericordia sua.
12   O fratres, non fleo super regem terrestrem; non fleo super civitatem unam nec super templum unum; nec fleo super locum humilem;
non fleo super exercitum paganum; non fleo super patres humiles, sed
super illum qui terram habet in pugno suo.   13   Non fleo super templum Iudaeorum; non fleo super templum de quo lamentatus est Ieremias propheta; non fleo super arcam in qua erat virga et tabula quam
scripsit Deus digito suo et quam confregit Moyses propter paucitatem
fidei filiorum Israel; non fleo super muros deauratos; non fleo super
lapides sculptos; non fleo super portas pretiosas; non fleo super porticus
(’sṭw’na) altos; non fleo super columnas marmoris; non fleo super ollas
impletas carne.   14   Non fleo super sacerdotes qui interficiebant
prophetas; non fleo super illos qui crucifixerunt Iesum Christum; non
fleo super congregationem stultam et insipientem; non fleo super illos
qui clamabant : «Tollite Iesum et crucifigite eum» [6], qui reddiderunt ei,
pro manna potum-dederunt ei acetum et fel, et pro virga quae divisit

---

[3] *Litt.* audax fiam et narrabo; cfr BLAU, p. 456-457. — [4] *Ps.* L, 17. — [5] Cfr *Iac.*, I, 17.
— [6] *Matth.*, XXVII, 22-23.

mare transfixerunt eum hasta.   **15**   Et iure, o fratres, meriti sunt quod evenit illis. Non fleo super quod erat in lege (*n'mws*), nam affecti sumus per illud, sed fleo super donum spiritale.   **16**   Non fleo super gentem figurarum, sed super eos qui erant in veritate [7]; non fleo super eos qui erant in malo, sed super eos qui erant in rectitudine.   **17**   O fratres, ne aestimetis me hominem eloquentem; ego fleo super multitudinem sermonis mei in hac die (et super) eos qui audient sermonem meum repletum tristitia, sicut dixit Deus per os Ieremiae prophetae de hac congregatione : « Nam quando auditis colloquium triste, festinatis ad illud; tum convertimini et paenitentiam-agitis cum fletu » [8].   **18**   Ego incipiam a sapientia in qua sunt utilitates pro multis, sicut dixerunt sapientes : « Vade ad domicilium tristitiae, et non ad domicilium potionis » [8].   **19**   Sed decet nos ut hoc interpretemur, praesertim qui peccaverunt, (ita) ut multiplicemus fletum et non rideamus; dixit Dominus noster : « Beati qui flent, nam illi consolabuntur » [9].   **20**   Ita decet nos ut explicemus hanc tristitiam quae accidit nobis; nam non narramus vobis rem absconditam, sed id quod dictum est in toto mundo et quae conspexistis omnes miracula et signa, ut incipiamus abhinc ab ea quae accidit ecclesiis Dei et locis sanctis devastatione.

II. 1 Zacharias quidem patriarcha (*bṭryrk*) benedictus, patriarcha (*bṭrk*) Hierosolymae civitatis Dei, cum regeret gregem,   **2-3**   venerunt homines qui dicebantur Virides et Caerulaei in hanc civitatem sanctam; et illud factum est per laqueos diaboli.   **4**   Et erant pleni omni afflictione (et) non contenti erant devastatione et praedatione tantum, sed in occisione et sanguinibus erant immersi omnes qui erant in Ierusalem. **5**   Nam Ezechiel prophetavit de incolis huius civitatis : « O fili hominis, dic Hierosolymae quia malum quod est in ea permanens est; ita dicit Dominus : Coronam misericordiae posui super caput tuum et feci te reginam, et exivit nomen tuum in omnes gentes et erat gloria tua in pulchritudine tua; et sumpsisti de vestimentis tuis et disposuisti tibi idola consuta et fornicata es in eis; et sumpsisti filios tuos quos generasti mihi et fecisti eos victimam in perditionem et excessisti in multitudine fornicationis; propter hoc tradidit te Deus in manus inimicorum tuorum, dixit Dominus » [1].   **6**   Et ne putetis, o fratres, quia Dominus tantum dixit hoc de idolis consutis, sed de hominibus incolis, Viridibus et Caeruleis, habitantibus in Ierusalem; propter hoc tradita est devastationi et

---

[7] *Litt.* super veritatem. — [8] *Ubi?* — [9] *Eccl.*, VII, 4. — [10] *Matth.*, V, 4.

II. [1] *Ezech.*, XVI, 1, 12, 14, 16, 20, 26, 27.

iacta est in manus inimicorum, propter Virides et Caeruleos et homines
tumultus et fornicationis et lasciviae. **7** Et non erat in cordibus
eorum metus Dei, sed inclinati sunt omnes ad malum et reiecerunt a se
beneficentiam (*litt.* actionem boni); tum devenerunt ad mendacium et
odium. **8** Tum iudex bonus, qui non desiderat perditionem peccatorum sed diligit conversionem et vitam eorum [2], sicut virgam disciplinae immisit et dominos-fecit super nos gentes quae dicuntur Persae.

III. 1 Et advenerunt cum potentia magna donec comprehenderunt
regiones Syriae, et comprehenderunt exercitus Romanorum. **2** Et
coeperunt expugnare singulas civitates et vicos, donec devenerunt ad
Palaestinam et provincias eius; et devenerunt Caesaream; et dederunt
eis pacem, et expugnaverunt eam. **3** Et devenerunt rursus ad Arsūf
et comprehenderunt eam et omnia litora. **4** Nam Deus est qui
commovit hanc rem et has gentes ut facerent hoc; et sicut ignis
qui ardebat, ita Persae circumambulabant civitates et expugnabant
eas. **5** Et tum pervenerunt ad civitatem Dei Ierusalem. **6** Quis
computet quae facta sunt latrocinia in medio civitatis, et quis computet
quae facta sunt homicidia in Ierusalem? **7** Et haec omnia facta
sunt e semine inimici, qui vult desperare nos facere saluti; nam ille,
quando conspexit dominum nostrum Iesum Christum cum erat super
crucem, contristatus est cum circumdarent eum fideles, et astute-egit
dolosus et seminavit zizaniam, et non contentus fuit hoc maledictus,
donec attulit super nos malum et perditionem et captivitatem. **8** O
fratres, quis non cogitabit de illa quae facta est Constantinopoli
(*qsṭnṭnya*) per manus Iustiniani (*ysṭny'ns*) regis effusione sanguinum,
et quis computabit quae facta sunt homicidia? **9** Quis est qui
<non> audivit de his quae fuerunt in civitate Antiochia calamitati-
bus? **10** Quis non contristabitur super hoc qui factus est Laodiciae
(*'l'dqya*) interitus? Hoc totum fuit castigatio a Deo ad sanitatem animarum nostrarum, sicut dixit propheta : « Castigans castigavit me
Dominus et ad mortem non tradidit me » [1]. Quomodo taceam et non
narrem vobis has tristitias? **11** Quot myriades (hominum) interfecti sunt propter hoc malum quod advenit super Ierusalem! **12** Quis
non flebit super captivitatem sacerdotum? Quis non contristabitur
super devastationem templorum? Quis non lamentabitur super illa
quae acciderunt hominibus genera suppliciorum?

[2] *Ezech.*, XXXIII, 11.

   III. [1] *Ps.* CXVII, 18.

IV. 1 Certiorem-fecit me homo bonus de morte illius maligni, ut sciatis quia sermo eius verus est. Narravit mihi hic homo pius et dixit : « Eram sedens in regione Iordanis. **2** Et quando occisus est Bonosus (*ynwsyws* [1]), conspexi in illa hora homines tremendos qui tulerant animam eius ad puteum sigillatum ; et super illum puteum homo (erat qui) tuebatur eum ; et dixerunt illi homines qui ferebant eum : O homo, aperi nobis hunc puteum ut deponamus animam Bonosi (*ynwsyws* [1]) in eum. **3** Et respondit eis qui sedebat super puteum et dixit eis : Non possum aperire hunc puteum nisi praeceperit mihi Dominus. **4** Et ivit unus ex eis qui ferebant animam eius festinanter et attulit codicillum. **5** Tum conspexit eos homo qui erat sedens super puteum et ingemuit e profundidate cordis sui et percussit pectus suum et dixit : Vae huic animae ! Inde a tempore Iuliani (*lly'n*) transgressoris (*brb't*=παραβάτης) non apertus est hic puteus». **6** Et tantum narravi vobis hoc ut noscatis quod factum est malum et occisionem et bella **7** et devastationem civitatum et ruinam templorum, ita ut pervenerit occisio intra templum ut comprehenderet ducem christianorum et perderet templum totum. **8** Sed, o fratres, quando contradiximus mandatis Dei, tradidit nos in manus inimicorum, gentis impurae, ut contingeret nos id quod non cupiebamus.

V. 1 Et nunc incipiam (narrare) quod factum est. Quando comprehendit haec gens litora, erant homines in eis qui comprehensi sunt duo monachi ex uno illorum monasteriorum, **2** monachi sancti, ornati sermone et operibus, splendentes donis spiritalibus. **3** Et Deus est qui iussit captivum esse Daniel prophetam et tres pueros in salutem mundi ; eodem modo gratum-habuit Deus ut captivi essent hi duo monachi, ut docerent legem Dei quae non potest perscrutari. **4** Et quando duxerunt inimici duos monachos ad principem et conspexit eos, cognovit quia illi diligunt Deum (et) pii (sunt) [1], et iussit ut vincirentur, ut sciret quidnam futurum esset de civitate. **5** Et quando appropinquavit Hierosolymae, civitati magnae, rogabat eos cotidie de sorte civitatis, dicens : « Quid dicitis, o monachi ? Tradetur haec civitas mihi, annon ? ». **6** Et dixerunt ei : « Inaniter laboras, o impie, nam manus Dei custodit hanc civitatem sanctam ». **7** Et quando provenerunt magnates Persarum ad civitatem et spectaverunt eam et viderunt monasteria quae circum eam erant, laetata sunt corda eorum et volue-

---

IV. 1 *Vel* nywsyws B.

V. [1] 'br'r' B ; *cfr* A et quia erant homines pii.

runt pacem facere cum incolis civitatis.   **8**   Tum cognovit patriarcha
(*bṭryrk*) sanctus Zacharias in quam (sortem) deveniret civitas, et gratum-
habuit pacem-facere cum inimicis.   **9**   Quaerebat per illud salutem
gregis sui et securitatem locorum sanctorum ; nam sciebat peccata incolarum civitatis et multitudinem eorum.   **10**   Et ut intellexerunt duces
civitatis voluntatem patriarchae (*bṭryrk*) et eius desiderium pacis,
coniuncti sunt in eum omnes sicut leones, in pastorem bonum Zachariam patriarcham (*bṭryrk*), et dixerunt ei :   **11**   «O princeps, haec res
quam vis facere non est bona, cum velis pacem-facere cum illis qui non
timent Deum».   **12**   Et quando conspexit patriarcha (*bṭryrk*) eos et
audivit sermonem eorum, flevit super perditionem gregis, et timebat
ab eis ne occiderent eum ; nam David propheta iam cognoscebat malitiam eorum ; propterea dicebat : «Eripe me, o Domine, ab oppositione
populi» [2].   **13**   Et non timebat patriarcha (*bṭryrk*) mortem tantum,
nam mors erat ei instar somni ; sed volebat pacem inimici, et gregi eius
non placebat hoc ; et fuit hoc bellum et discrimen, o fratres, a Deo.
14   Et contristatus est patriarcha (*bṭryrk*) super gregem suum cum non
sineret ei pacem-facere cum inimicis ; et dicebat congregationi incolarum
civitatis : « Vos conspicio quid faciatis », cum multo fletu dicens : « Ego
innoxius sum a sanguinibus [3] huius congregationis ;   **15**   multum ego
timeo ne verbum prophetae perficiatur super vos : Vae malignis et
sequentibus eos !» [4]   **16**   Et fuerunt illa omnia a Deo, castigatio gregi
peccatori ; et erat illud instar remedii quod invenitur a medico sapienti
ut expellat morbum et immunditiam quae sunt in cordibus nostris.
17   Et Deus potens est inanem-facere vim inimici et cum convertit
oculos suos qui non dormiunt, devincit omnes reges et potentes.
18   Nam Israel iussu Dei devicit Aegyptios ; et eodem modo moenia
Iericho iussu Dei ceciderunt.   **19**   Pastor autem bonus patriarcha
(*bṭryrk*), quando non oboediverunt ei, non restitit eis, sed petivit a
monacho qui dicebatur Modestus (*mwdsṭs*), domino monasterii *dw'ks*
ut exiret et congregaret exercitus Romanorum qui erant in Iericho, ut
adiuvarent patriarcham (*bṭrk*).   **20**   Et oboedivit ei monachus et
exivit et congregavit exercitus qui in Iericho erant.   **21**   Et Persae
circumdederunt civitatem sanctam.   **22**   Et in omni die interrogabant
duos monachos de civitate, num expugnarent eam annon ; et in una
dierum interrogaverunt eos.   **23**   Et consultaverunt monachi inter
se et dixerunt : « Si mentimur, pravum est ; et si verum-dicimus, tristitia

---

[2] *Ps.* LVIII, 2. — [3] Cfr *Matth.*, XXVII, 24. — [4] *Ubi ?* —

est; si loquimur aut non loquimur, inevitabilis est devastatio eius; et
ne abscondamus veritatem». **24** Et ingemuerunt duo monachi a
profunditate cordium suorum et percusserunt facies suas et lacrymae
eorum fluebant super terram; et dixerunt Persis: « Propter multitudinem peccatorum nostrorum tradidit nos Deus in manus vestras».
25 Et dixerunt incolae civitatis duobus monachis: « Quomodo non
dixistis nobis a principio quia civitas devastabitur? ». **26** Dixerunt
eis monachi: « Non sumus prophetae; sed narrabimus vobis (quia) comprehenderunt nos cum omnibus. **27** De civitate autem Dei Ierusalem, ne miremur; nam quando fuimus cum Deo, fuit Deus nobiscum.
28 Certiores-facimus vos quia Persae cum eduxerunt nos e speluncis
nostris et duxerunt nos huc, conspeximus murum civitatis, et erat super
unam turrium civitatis angelus habens in manu hastam ex igne.
29 Et cum vidimus illud gaudium, laetati sumus et scivimus quia
Deus nobiscum erat; et propterea dicebamus inimicis: Inaniter fati-
gamini propter civitatem. **30** Et cum reliquistis oboedientiam Dei
et orationes abiecistis et exercuistis opera foeda, tum respexit Deus in
vos conspectu suo malo et iniecit ignem super Sion et interfectionem
super turbam. **31** Tunc descendit angelus de caelo ante devastationem Sion tribus diebus, et devenit ad angelos qui erant super turres
32 et dixit eis: Recedite abhinc quia Dominus tradidit civitatem
sanctam in manus inimicorum. Tum recesserunt angeli, cum non
possent resistere iusso Dei. **33** Tum cognovimus quia peccata nostra
sunt quae cohibuerunt misericordiam Dei. Sed, o fratres, ne timeatis,
quia Deus non ex odio fecit nobis hoc, sed ut castigaret nos; nam ille
castigat et rursus miseretur; tolerate hoc ut lucrum-capiatis et effugiatis malum. **34** Audite quomodo dixerit David propheta: Tolerantia toleravi et misertus est mihi Deus [5]; et dixit rursus: Beatus homo
qui tolerat castigationem Domini [6]; et dixit rursus Iacobus discipulus:
Beatus homo qui tolerat adversitates, nam quando adeunt eum tristitiae et tolerat eas, accipit coronam vitae» [7]. **35** Hoc sermone et
simili huic duo monachi docebant incolas civitatis, et sermone suo
bono amoverunt tristitiam a cordibus eorum.

VI. 1 Et erat in laura mār Sabae monachus benedictus qui dicebatur
Iohannes; et erat cum eo dicipulus (quidam) eius sedens. **2** Et

---

[5] *Ps.* xxxix, 2. — [6] *Ps.* xciii, 12. — [7] *Iac.*, i, 12.
   VI. Haec narratio graece: BHG 1448w (III, p. 206) et apud N. Marr, *Antioh Stratig,*

conspexit eum discipulus cum tristis esset propter Ierusalem; et petivit
a sene magistro suo et dixit ei : « O pater, ego scio quia quodcumque
petes a Deo, non abscondet (Deus) a te; et ego adoro te et rogo te ut
narres mihi num civitas sancta devastetur et captivi futuri sint incolae
eius ». **3** Et dixit senex discipulo suo : « Quis sum ego ut roges me
hanc rem, cum ego homo peccator sim ? ». **4** Et coepit discipulus
petere; tum coepit senex et dixit : **5** « O fili mi, ego video te volentem
noscere hanc rem; et narrabo tibi nunc quod notificavit mihi Deus;
ante quinque dies eram reputans de hac re, cum conspexi quasi aliquis
me arripuisset et statuisset me coram Golgotha; et tota congregatio
clamabat : O Domine, miserere nobis. **6** Et ecce Christus suspensus
(erat) super crucem, et Domina Maria petebat ab eo intercedens pro
creaturis. **7** Et Iesus respondebat illi dicens : Non accipiam-inter-
cessionem tuam pro eis, quia illi corruperunt templum meum. **8** Et
implorantes cum fletu : O Domine, miserere nobis, ascendimus ad
templum mar Constantini (*qsṭnṭyn*). **9** Et quando veni ut adorarem
in loco (in quo) erat crux, conspexi lutum multum exiens e loco et implens templum. **10** Et erant ibi duo senes e ducibus stantes, et dixi
eis : Non timetis Deum ? Nam non possumus orare propter hoc lutum.
Et dixerunt mihi : Hoc totum est propter malitiam et peccata sacerdotum. **11** Et dixi eis : Et non potestis purificare illud ? Et dixerunt
duo senes : Non; non purificabitur lutum donec descendat ignis de
caelo et hic comburat illud ». **12** Tum flevit monachus senex cum
discipulo et dixit ei : « O fili mi, scito quia iam advenit tempus decessionis meae ex hoc mundo et exivit iussum Domini ». Et monachus petivit
a Deo ut cohiberet illud, et non consensit ei in hoc. **13** Et dum monachus colloquebatur cum discipulo suo hoc sermone, advenerunt Persae
inimici et comprehenderunt et occiderunt eum. **14** Discipulus autem
fugit; et post tempus reversus est et conspexit magistrum suum occisum, et flevit super eum fletu amaro; et exsequias-egit eius sicut decet
et posuit eum in sepulcreto patrum sanctorum.

VII. 1 Persae, cum viderunt quia incolae civitatis non volebant
pacem-facere cum eis, ceciderunt in inquietudinem magnam. **2** Et
monachus qui iussus est deferre eis exercitus Romanorum a Iericho ut

Petropoli, 1909, p. 42-44 (duae recensiones, e codd. Sin. gr. 448 et 432); armeniace : *Varkʿ
srbocʿ haranc*ʿ, II, Venetiis, 1855, p. 409-410; versio gallica e graeco Pauli Evergetini
(III, 19) : L. REGNAULT, *Les sentences des Pères du désert. Nouveau recueil*, Solesmes, 1970
p. 185-186.

essent eis auxilium, non placuit Deo adiuvare eos. **3** Nam Romani, cum conspexerunt multitudinem exercituum Persarum, fugerunt omnes simul. **4** Et remansit monachus solus, quia non potuit fugere. Et confugit in rupem quae erat ibi. **5** Et Persae circumdabant illam rupem et sedebant super eam. **6** Sed, o dilecti mei, Dominus qui exstinxit oculos inimici, (idem) fuit qui abscondit illum monachum; et sanus-evasit et devenit Iericho.

VIII. 1 Et contristavit hoc incolas regionis, cum non advenit eis auxilium. **2** Et certum-habuerunt Persae quia Deus iratus est in christianos. **3** Et non cessaverunt dolis-uti, donec aedificaverunt turres et statuerunt ballistas ad bellandum in incolas civitatis, et cum furore gravi pugnabant Persae in incolas civitatis. **5** Et fuit initium pugnae Persarum in christianos Hierosolymae in (die) tertia decima mensis et in anno quarto regni Heraclii; et perstiterunt viginti dies inicientes (tela) in eos ballistis, donec deiecerunt murum civitatis. **6** Et intraverunt hostes in civitatem Dei cum furore vehementi. **7** Illi autem qui custodiebant murum et civitatem fugerunt et se absconderunt in montibus et speluncis, volentes salvare se ipsos; et multi ex eis confugiebant in ecclesias. **8** Et Persae intrabant ad eos cum furore sicut leones, stridebant dentibus suis prae invidia, latrantes sicut canes. Et cum expugnaverunt civitatem, omnes quibus occurrebant occidebant; et non miserebantur viri nec mulieris nec senis nec adulescentis nec parvi nec sacerdotis nec monachi nec virginis. **9** Et erant incolae civitatis in calamitate. Et Ierusalem caelestis (*litt.* superior) flebat super Ierusalem inferiorem. **10** O fratres, indicium illius (rei) quod tenebrae graves erant in civitate in illo tempore, sicut obtenebratus est sol in tempore crucifixionis Christi; ita erat Sion quando castigata est per ignem et iure castigata est. **12** Et qui fugerant erant angustiati. **13** Et erant mulieres clamantes super infantes suos et infantes super matres suas. **16** Et omnes homines biberunt hunc calicem; et abscidebant homines sicut herbam, et omnia opera eorum erant foeda valde. **17** Et ecclesias Dei devastabant, et in eucharistias exspuebant super altaria, et cruces conculcabant pedibus suis; et non erat in eis misericordia nec miseratio. **18** Et sacerdotes accipiebant poenam, et senes immolabantur. **19** Et infantes morti-ficabantur et sanguis (*litt.* sanguines) in medio civitatis fluebat sicut flumen; praegnantes conquerebantur cum fletu; et virgines lamenta-bantur super corruptionem virginitatis suae. **20** O dilecti mei, quis

poterat conspicere quae fuerunt in Ierusalem tristitias quin contereretur
cor eius ?   **22**   Quis non timuit quando vidit hostes intrantes in domum
Dei cum gladiis destrictis ? Quis non contristatus est cum vidit sacerdotes interfectos super altaria ?   **23**   Sacerdos stans tollebat oblationem (*'brṣfr'* = προσφορά) ad caelum, et gladii comprehendebant eum.
24   Multiplicatus est terror in omnibus habitantibus Ierusalem.
26   Non omittam (*litt.* tacebo) perficere hunc sermonem, cum inceperim
illum.

IX. 1 Cum intraverunt Persae in civitatem, multiplicaverunt in ea
sanguinis-effusionem (*litt.* sanguines);   **2**   et remanebant ex incolis
Ierusalem homines qui non interfecti sunt; et cum cessavit furor
hostium, certiores facti sunt quod homines multi erant absconditi in
montibus et speluncis. Tunc clamavit (praeco) : « Omnes qui sunt absconditi et exibunt, pacem habebunt ut non timeant ».   **3**   Et cum
audierunt absconditi, exierunt; et mortui erant ex eis homines multi e
tenebris in quibus erant et foetore locorum suorum, et nonnulli mortui
sunt fame et siti.   **5**   Et cum exierunt coepit princeps (*'rkwn*) interrogare eos de artibus eorum; et declaraverunt ei illas; et selegit selectionem eorum ut captivos-duceret eos in Persiam.   **6**   Et reliquam
partem eorum detinuit in lacu (*birka*) aquae quae est extra Ierusalem
duobus stadiis a turri Davidis dimidio miliario; et iussit custodibus ut
custodirent eos in illo lacu.   **7**   O dilecti mei, quis possit narrare calamitatem quae occurit christianis in illa die ? Nam ob multitudinem
suam alii alios conculcabant; mulieres et viri, ex eo quod angustus erat
locus eis, erant sicut animalia quae offeruntur Deo (ut) victimae.
8   Et erat locus ille calidus sicut ignis, comburens eos; et mortificaban-
tur sine gladio. Omnibus qui erant in illo lacu accidit mors; nam non
erat eis cibus nec potus.   **9**   Et Deus abiciebat eos; propterea traditi
sunt immolationi, sicut bestiae, in manus hostium Persarum.   **10**   Et
desiderabant mortem sicut desiderat homo vitam, sicut dixit Iob
iustus : « Qui in calamitatibus sunt desiderant mortem, et non advenit
eis » [1]. Quaerebant mortem sicut quaerit homo thesaurum, et non
poterant obtinere eam.   **11**   Conclamabant voce alta ad caelum dicentes : « O Domine noster, ne perdas nos; o Domine, ne tradas nos in manus
hostium nostrorum, nos credentes in te, o Domine; et intuere in nos et
miserere nobis; o Domine, ne abicias clamorem implorantium te;

IX. [1] *Iob*, ɪɪɪ, 21.

o Domine, attingat nos misericordia tua festinanter et eruat nos ab hoc
supplicio in quo sumus; gladius potior est nobis quam mors, famis et
sitis». **12** Puer parvus conclamabat ad matrem suam, et genitrix
vocabat natum suum, et nullus respondebat. Et accepit Deus clamorem
eorum. Et factus est lacus ille, in quo erat aqua, sanguis.

X. 1 O dilecti mei, audite sermonem meum. Cum conspexerunt
Iudaei inimici quia christiani traditi erant in manus Persarum, laetati
sunt de hoc valde propter odium suum in nos, et erat gradus eorum
magnus apud Persas. **2** Et Iudaei appropinquabant orae lacus et
vocabant servos Dei christianos cum essent in lacu Mamilae, dicentes :
« Qui vult e vobis iudaeus-fieri ascendat ad nos, ut redimamus eum a
Persis». **3** Et non perfectum est eis consilium eorum malum; sed
fuit labor eorum vanus. Christiani autem elegerunt mortem potius
quam iudaismum. **4** Et cum viderunt eos Iudaei et firmitatem fidei
eorum, vehemens facta est ira eorum, et sicut canes latrabant. Et excogitaverunt consilium aliud; sicut emerunt Christum a Iuda denariis,
eodem modo voluerunt emere christianos e lacu (*birka*) denariis. Et
sicut agnos qui immolantur Iudaei emebant christianos a Persis et
immolabant eos. **5** Et erant christiani in gaudio magno cum immolabantur propter fidem in Christum; elegerunt vitam aeternam plus
quam terrenam. **6** Et dixerunt Iudaeis : « O inimici Dei, quomodo
non toleravistis sicut nos, et profecimus? Sed vos voluistis iudaeos-
facere nos sicut vos. **7** Sed nos fideles (sumus) et martyres Dei;
et fecistis nos, o turba Iudaeorum, multiplicare vobis supplicium.
8 Nam Persae non interfecerunt nos, sed vos estis qui interfecistis nos».
9 Et cum captivi facti sunt incolae Hierosolymae, coeperunt Iudaei
devastare ecclesias.

XI. 1 O dilecti mei, ne miretur ullus de hoc; nam propter multitudinem peccatorum (fuit) multitudo calamitatum et potentia hostium;
propter hoc devastata est Ierusalem; **2** et sicut agni sacrificii, ita
immolabantur christiani in lacu (*birka*) Mamilae (*m'ml'*); mortui sunt
homines multi. **3** Quot sacerdotum exivit anima per famem! Quot
infantes mortui sunt per sitim et terrorem et angustiam loci! **6** Quot
creaturae mortuae sunt in illis puteis! **7** Quot homines fugerunt in
ecclesias et interfecti sunt et combusti sunt igne! **8** Quis computabit
(eos) qui interfecti sunt in Ierusalem? **9** Iure, o fratres, advenit
nobis hoc, et propter hoc clamamus et dicimus : « Iure, o Domine, casti-

gavisti nos; iure, o Domine, attulisti hoc totum super nos, et propter
multitudinem peccatorum accessit mors et captivitas et fuga super nos;
propter hoc tradidisti nos in manus inimicorum nostrorum, gentis
malae (*litt.* mali); et sicut placuit Deo, ita <fuit>; sit nomen Domini
benedictum in saeculum». **11** Exaltavit nos Deus, et non voluimus
exaltari; honoravit nos, et non voluimus honorem et non accepimus
eum; propter hoc tradidit nos huic castigationi; et loco exaltationis
humiliati sumus, et loco honoris gemuimus, et loco puritatis coinquinati
sumus, et loco ministrandi Deo facti sumus ministrantes inimicis.
12 Et sicut reliquimus Deum, ita reliquit nos; recessimus a Deo, et
recessit Deus a nobis. **13** Sed, o fratres, Dominus noster bonus castigavit nos misericordiā suā, et non secundum peccata nostra fecit nobis
nec secundum opera nostra, sed ut convertamur et paenitentiam
agamus. **14** Cecidimus, et ille suscitavit nos; **15** et effudit sanguinem suum pro nobis (et) fecit nos ut filios; et quando non observavimus mandata eius, intulit super nos has res. **16** Nam anima, cum
castigata erit in hoc mundo, inveniet misericordiam in altero; nam
homo, cum est in quiete, non curat de salute animae suae et non recorda-
tur finem suum, sicut qui non habet pastorem nec regem, et obliviscitur
quod debet (facere) et blasphemat in Deum. **17** Et ut conspexit
Dominus nos in his operibus malis, sicut frenum iumentorum, frenum-
imposuit nobis per has castigationes in salutem animarum nostrarum,
18 ut non permaneremus in perditione, sed convertit nos ad paenitentiam, ut recordaremur in quo (statu) eramus et sciremus quomodo
auditurus esset Deus voces nostras.

XII. 1 Audite, o fratres, quod accidit mulieribus sanctis. Erat in
Monte Olivarum (in) oriente Hierosolymae monasterium mulierum.
2 Et intraverunt Persae ad nurus Dei, et erant quadringentae virgines, sicut columbae mundae. **3** Et eduxerunt sanctas e monasterio
et dispertiverunt eas inter se et coeperunt immundi violare eas corrup-
tione. **5** Et erat in eis iuvonis adulescens; et ille comprehendit unam
virginum sibi. **6** Et dixit ei : « O iuvenis, da mihi virginitatem meam,
et ego dabo tibi unguentum quod erit tibi in bello et pugna remedium
pro omni ictu gladii aut hastae ». **7** Et cum audivit iuvenis hoc,

---

XII. Narratio huius capituli (§ 1-15) graece : BHG 2028 (III, p. 8) et 1442 f-k (III, p.
194-195); armeniace : *Varkʻ srbocʻ harancʻ*, II, Venetiis, 1855, p. 461-462; arabice : G. LEVI
DELLA VIDA, in *Annuaire de l'Inst. de Philol. et d'Hist. Or. et Slaves*, 7 (1939-1944), p. 83-
126.

miratus est valde et dixit ei : « Dona mihi hoc unguentum, et ego donabo
tibi virginitatem tuam »; et crediderat <in> se ipso quia accipiet ab
ea illud unguentum dolo, et postea obtinebit ab ea desiderium suum.
8   Et cum attulit illud unguentum in vase, dixit ei : « Unge collum
tuum hoc (unguento), et ego accedam et percutiam te gladio, ut scias
veritatem sermonis mei ».   **9**   Et dixit ei iuvenis : « Non, sed ego ungam
hoc collum tuum prius ».   **10**   Et virgo quaerebat ab eo hunc (ipsum)
exitum, et erat laeta de illa (re), ut non deciperet eam diabolus, et cupivit perire corpus suum et salvari animam suam.   **11**   Et laetatus est
iuvenis laetitia vehementi.   **12**   Et virgo accepit ex illo unguento et
unxit collum suum; et cum conspexit eam iuvenis, putavit quia sermo
eius verus est; et non cognovit miser quia illa fecit illud ut fugeret ad
Christum.   **13**   Et tum extendit collum suum.   **14**   Et destrinxit
iuvenis gladium suum et opinatus est quia gladius non vulnerabit eam.
15   Et percussit collum eius, et ut caput eius cecidit super terram,
tum (*litt.* et tum) cognovit quia illa deceperat eum.   **16**   Et beata
haec virgo quae custodivit animam suam, et beatum caput eius venera-
bile quod excisum est propter amorem eius in Christum.   **17**   Quid
in opere hominis peius quam fornicatio ?   **18**   Vae ei qui non recogitat;
et dicamus : « O anima, futura est resurrectio, et accipiet unusquisque
secundum mensuram operum suorum. O anima, convertere, et ne neglegas
et ne facias malum; vita tua pauca tantum est, et non vives in aeternum ».   **19**   O fratres, fecit monacha hoc opus et tradidit corpus suum
morti et accepit coronam martyrii,   **20**   et non sibi ipsi tantum, sed
fuit salus multis; nam quando viderunt propositum eius sincerum et
opus eius, imitatae sunt eam.   **23**   Considerate Macchabaeam etiam,
quomodo toleraverit ad custodiam legis et martyr facta sit cum filiis
suis. Considerate Lazarum; nonne per tolerantiam suam fuit martyr ?
22   Ego scio (quia) martyrium fit (etiam) per paucitatem cibi; ecce
monachi propter paucitatem cibi salvaverunt animas suas e supplicio;
et saepe fuit martyrium per paucitatem libidinis,   **20**   sicut fecit haec
puella, nam non salvavit animam suam tantum, sed multas e mulieribus; nam multitudo monacharum quae erant cum illa in monasterio,
cum audierunt quia sancta (illa) martyr facta est, imitatae sunt eam
21   et fuderunt sanguines suos, et non tradiderunt corpora sua peccato,
sed properabant ad martyrium.

XIII. 1 Et narrabo vobis, o dilecti Christi, (quia) post haec omnia
comprehenderunt Zachariam patriarcham (*bṭryrk*) et duxerunt eum

ad Sion et introduxerunt eum per portam per quam intravit Christus; introduxerunt pastorem bonum vinctum sicut latronem, **2** et non sicut Christum, nam Christus sedebat super asinum cum intraret in Sion; hic autem erat vinctus (et) propellebatur. **3** Et non erant ibi pueri laudantes eum, sed multitudo lamentabatur super eum; non dicebant : « Benedictus qui venit in nomine Domini » [1], sed flagellabant eum virgis, sicut voluit Deus. **4** Non clamabant « Hosanna », sed ambulabant cum eo flentes; non extendebant vestimenta sua in via, sed madefaciebant terram lacrimis; non ferebant ramos palmarum, sed gesticulabantur in eum gladio; non ferebant ramos olivae, sed interficiebant filios cum matribus; non venerabantur eum, sed sicut rebellem videbant eum; non propellebant eum ad honorem, sed ad ignominiam. **5** O porta Sion, quot intraverunt per te calamitates! O porta Sion, quot intraverunt per te pastores et quot pastores exierunt ex te! **6** O porta Sion, crux honorabilis bis exivit ex te; nam olim exivit crux cum Christo, et nunc exivit cum Zacharia pastore bono in captivitatem. O Sion, quantam laetitiam et tristitiam et lamentationem ostendisti nobis! **7** Fuit exitus Christi ex Sion ad crucifixionem, et fuit exitus Zachariae patriarchae (*bṭryrk*) e porta Sion sicut exivit Adam e paradiso. **8** Iesus Christus devenit ad Golgotham, et Zacharias patriarcha (*bṭryrk*) exivit e Golgotha; Christus exivit ferens crucem, et Zacharias exivit lamentans super crucem. **9** Christus pro salute mundi prodiit, et Zacharias patriarcha (*bṭrk*) eductus est pro salute Hierosolymae; Adam habitavit coram paradiso, et Zacharias constitit coram salute mundi; Adam timidus erat in solatio, et Zacharias in ecclesia consolabatur. **10** Et cum exivit Zacharias patriarcha (*bṭryrk*) e porta Probaticae (*brb'ṭyqy*) ex qua exivit Christus ad crucifixionem, ascendit ad Montem Olivarum cum multitudine. Et sedit super culmen Montis et ad instar sponsi conspiciebat sponsam. **11** Et accesserunt ad eum agni, cum humili-supplicatione petentes ab eo ut consolaretur eos et compesceret tristitiam eorum. **12** Et cum conspexit eos, arsit cor eius, et flevit et dixit eis : «O filii mei, iam perfectae sunt res». **13** Et cum audierunt hoc ab eo, coeperunt flere; **15** et nonnulli percutiebant faciem suam, et nonnulli spargebant pulverem super caput suum, et nonnulli evulserunt capillos suos; non contristati sunt de castigatione sua, sed de devastatione Hierosolymae; et percutiebant pectora sua et tollebant manus suas ad caelum dicentes : **16** « Mise-

XIII. [1] *Matth.*, xxi, 9.

rere nobis, o Domine, et miserere civitatis tuae; o Domine noster, miserere templorum tuorum sanctorum; o Domine, compesce iram tuam; o Domine, surge et ne dormias; o Domine, conspice inimicos tuos et laetitiam eorum in devastatione civitatis tuae et altarium tuorum. **17** Ne obliviscaris nostri, o Domine, respice in nos, quia pervenerunt animae nostrae ad terram; o Domine, respice in nos, quia laetitia nostra devenit in tristitiam et lamentationem; o Domine, respice in nos, quia festivitates nostrae devenerunt in captivitatem. **18** O Domine, mors melior est nobis quam ut impellant nos inimici nostri; o Domine, ne ira tua castiges nos, sed misericordia tua; ne reddas nobis propter peccata nostra, sed propter miserationem tuam. **19** Peccavimus et miserere nobis; ne dicant inimici nostri : Ubi est Deus eorum ?[2] Ne dicant : Ubi est crux eorum ?» **20** Tali sermone et huic simili multitudo petebat a Deo cum esset in Monte. **21** Et cum conspexit eos patriarcha (*bṭryrk*) in tristitia, significavit eis manu sua ut tacerent et dixit : **22** « Benedictus Dominus qui attulit super nos hanc castigationem. Nonne scitis quia dominus noster Iesus Christus ascendit super crucem ad salutem nostram ? **23** Et nunc ille erit nobiscum. **24** Et ne fleatis, o dilecti mei, quod captivi fimus; sed ego **25** rogo vos et peto a vobis ut non blasphemetis; **26** nam crux iter faciet nobiscum et Dominus, pastor bonus, habitans in caelo; et ego peccator, o filii mei, vobiscum captivus fio. **27** Et sicut Paulus ego nuntio vobis hodie : Hoc est tempus salutis; haec dies iustitiae [3]; haec dies laetitiae; haec dies patientiae, et qui toleravit ad finem vivet [4]; haec dies coronarum; haec dies in qua aperitur porta regni; haec dies in qua delentur delicta, et (dies) ingressus in paradisum. **28** O fratres, nunc ne blasphememus **29** nec timeamus; o filii Christi, ne timida sint corda vestra, nam nobiscum est exercitus; nobiscum sunt myriades angelorum; nobiscum sunt myriades seraphim (*š'rwbyn*); nobiscum sunt omnes cherubim (*k'rwbyn*); nobiscum sunt martyres, nobiscum iusti; nobiscum sunt omnes prophetae; illi pugnant pro nobis et petunt a Deo propter nos. **30** Ne sit in cordibus vestris cogitatio mala; sed festinate antequam concludatur porta, dum illa est aperta; festinemus ad laetitiam; ne remaneat in nobis tristitia; festinemus ad mandata quae praecepit nobis Dominus Iesus Christus. **31** Laetamini, o filii mei, laetamini; accipite vocem vehementem a sene debili. **32** Laetamini in Domino, o captivi, quia tempus laetitiae est iis qui intelligunt; **33** laetamini

---

[2] *Ioel*, II, 17. — [3] *2 Cor.*, VI, 2. — [4] *Matth.*, x, 22.

in Domino, quod ille nobiscum est, et quis erit contra nos ? [5]   **34**   Ita,
o filii mei, estote, et tum vincetis hostem; cavete ne seminet in cordibus
vestris tristitiam.   **35**   Nam tristitia pauca est, et lucrum multum;
tempus vile est, et martyrium magnum, et corona praeparata.   **36**   Ne
miremini, o filii mei, quod eratis liberi et nunc fietis sicut servi propulsi
in captivitatem; ante hanc diem festinabatis ad ecclesiam, et hodie
propellimini cum hostibus; ante hanc diem festinabatis ad altare, et
hodie propellimini ad immolationem.   **37**   Ecce pastor bonus, iudex
qui passus est pro grege suo nobiscum egreditur; benedictus est qui
suscitavit nos a thronis pastorum; et iure fecit illud nobis, quia non
pascebamus gregem eius in iure veritatis; propter hoc intulit in nos hoc
supplicium.   **38**   Vae canitiei meae, quia vidi rem magnam ego miser
peccator; homo qui habet filios duos vel tres, contristatur super illos;
et quomodo ego miser, qui conspicio hunc populum in hac calamitate?
39   Sit nomen Domini benedictum in saeculum.   **40**   O filii mei,
recordemur verbum Domini et consolemur, quod dixit: Si inimici me
persecuti sunt, vos etiam persequentur [6];   **41**   et si odio-habuerunt
me, vos etiam oderint; et si me interfecerunt, vos etiam interficient.
42   Sed patientia vestra lucrabimini animas vestras [7]; ne timeatis ab
eis qui interficiunt corpus et non possunt interficere animam [8]; scitote
quia ille qui perseveraverit in finem salvabitur [9].   **43**   O filii mei, ne
molestemini castigatione Domini; nam quem diligit Dominus castigat;
ita dixit David propheta: Castigas me, o Domine, et probas me [10]; sed
avertis et eripis me a profunditate terrae [11]; et dixit iterum: Castigans
castigavit me Dominus et ad mortem non tradidit me [12].   **44**   Et dixit
Paulus: Quem filium non castigat pater eius ? [13] Et si non castigamini,
non estis ex eis qui propelluntur ad viam vitae. Via vitae difficilis est,
et labore multo intratur in eam [14].   **45**   Et quomodo non laboramus
multum?   **46**   Et vestimentum animarum nostrarum quod induimus
per baptismum inquinavimus peccatis et culpis; et nunc laboremus ut
lavemus illud.   **47**   Vestimenta inquinata apud lavatores lavantur et
extenduntur et confricantur et contunduntur, et tum eveniunt pura.
Et ita etiam peccata animae non absolvuntur nisi per tristitiam et
laborem et castigationem a rege terrae et caeli.   **48**   Quis est qui dives-
fit sine labore, et quis est qui induit coronam quin fortis-fuerit? Quis
vincit quin pugnaverit? Quis est qui congregat divitias sine labore?

[5] Cfr *Ps.* cxvii, 7. — [6] *Ioh.*, xv, 20. — [7] *Luc.*, xxi, 19. — [8] *Matth.*, x, 28. — [9] *Matth.*, x, 22.
— [10] *Ps.* lxv, 9. — [11] *Ps.* lxx, 20. — [12] *Ps.* cxvii, 18. — [13] *Hebr.*, xii, 7-8. — [14] *Matth.*,
vii, 14.

49 Ubi est requies, ibi domicilium-invenit inimicus; ideo audite et scitote et custodite mandata Dei in cordibus vestris. **50** Et ita exclamate ad Deum sine requie, ut salvet vos ab inimico. **51** Accipite tristitiam sicut accepistis bona; sustinete, o filii mei, ut obtineatis praemium; Dominus est qui iussit hoc, et acceptum (sit) ab eo; et ne contristemus Deum. **52** Nam ille est qui fortificat relaxatos, et ille est qui convertit adversarios et purificat coinquinatos per misericordiam suam; ille castigat nos, et ille salvat nos; nam misericordia eius plus est quam arena marium [15], et talis miseratio eius. **53** Si rogabat pro crucifigentibus dicens : O pater, dimitte eis hoc peccatum [16], nobis non misereatur ? **54** Si non fuimus sicut iusti, tum nos sicut peccatores rogemus sicut servi qui peccaverunt et conversi sunt ad eum. **55** Et placuit ei castigare nos ut vincamus adversitates et det nobis regnum suum; tradidit nos servituti ut daret nobis libertatem; et tradidit nos huic tristitiae ut daret nobis laetitiam et requiem in paradiso; cruciat nos in calore huius ardoris ut salvet nos a calore gehennae. **56** Cruciat nos hic per frigus ut salvet nos illic a stridore dentium; tradidit nos hic feris ut salvet nos illic a verme qui non dormit [17]; despoliavit nos hic a bonis nostris ut daret nobis regnum caeli et bona praeparata quae non vidit oculus et non audivit auris et (quae) non subvenerunt cordi humano [18]; dedit nobis regnum terrae, et rursus donat nobis regnum caeli. **57** Enitamur nunc et oremus observantes fidem nostram; laetabimur in tempore futuro cum Salvatore et dicemus Domino cum parrhesia [19] : **58** O iudex iustitiae, da nobis coronas, quia propter nomen tuum esurivimus et sitivimus et expulsi sumus et advenit nobis ab hostibus omne malum, et non pepercimus sanguinibus nostris propter amorem nostrum in te et fidem in te et in baptismum tuum quem dedisti nobis, (ut) praeberemus eum tibi integrum (et) purum. **59** Beati vos, o fratres ! Et in quali laetitia eritis, et in quali laudatione et in quali gaudio sine fine ! Propter tristitiam vestram paucam laetabimini in saeculum; nam cruciavistis corpora vestra, et requiem-praebuistis animabus vestris. **60** Inimici vestri stridebunt dentibus suis et gement, et flebunt confusi obtenebrati, et ab unoquoque contumeliabuntur; si, cum stet reus coram rege terrestri, est confusus et non habet responsionem prae culpa, quanto magis cum stet coram rege caeli, qualem timorem habebit in illa hora, **61** cum cruciabit Deus peccatores et confundet eos, dicens : O miseri, nonne propter vos

---

[15] Cfr *Rom.*, IX, 27 etc. — [16] *Luc.*, XXIII, 34. — [17] Cfr *Marc.*, IX, 48. — [18] 1 *Cor.*, II, 9. — [19] dāla B; cfr *Anal. Boll.*, 77 (1959), p. 347, n. 2.

descendi de caelo et incorporatus sum et factus sum sicut servus et
exsputum est in faciem meam et flagellatus sum et crucifixus sum, cum
essem Deus creaturarum ?   **62**   Nonne oportebat vos imitari me, et
sicut renegavistis me, ego dico vobis : Recedite a me, o maledicti, in
ignem aeternum (praeparatum) diabolo et cohortibus eius [20].   **63**   In
illa hora, o fratres, non est paenitentia ; et ego, o agni Christi, dico vobis
hodie coram Deo et omnibus angelis eius quia ego innocens sum a sanguinibus huius multitudinis. Inimici sunt in grege Christi.   **64**   State
cum patientia quoad effundantur sanguines vestri in amore Christi propter nomen eius, ne tradamini in manus impurorum ; tolerate propter
Christum sicut toleravit ille propter nos.   **65**   Diabolus temptat corda
vestra et seminat semen suum in vobis, et ita exclamat :   **66**   O christiani, cur seducitis vos ipsos ? Cur inanis est spes vestra ? Reliquit vos
Christus vester orphanos ;   **67**   abiecit vos quia non honoratis eum ;
despoliavit vos a donis suis.   **68**   Et post hoc quid exspectatis et quae
spes est vobis ? Et abiecit vos et non vocabit vos filios suos ; facti estis
inimici eius ; ideo iecit vos in manus odientium vos ; illi locupletati sunt,
et vos pauperes facti estis ; nunc ne laboretis.   **69**   Et inane est ieiunium vestrum et inanis oratio vestra et inanis fletus vester ; et recedite a
me.   **70**   Hoc est dictum diaboli ad christianos. Audite nunc, o dilecti
Christi, quomodo respondeatis ei ; vos discite et observate et obstupefacite eum responsione ne inveniat vos denudatos et captivos faciat vos.
71   Respondete ei cum audacia dicentes : Quid nobis et tibi, o expulse
e caelo ? Et quid nobis et tibi, o expulse ex angelis ?   **72**   Et quid tibi
et filiis Christi christianis, o tenebra ? Quid tibi et filiis luminis, o immunde ?   **73**   Recede a cordibus nostris, recede ; cognovimus te, o
seductor ; recede, o invidiose.   **74**   Nam Deus abiecit te de caelo, et
elegit nos potius quam te, et potentia eius super nos et super te.
75   Nos in eum peccavimus, et ad eum paenitentiam-agimus, et ab eo
petimus ut complaceat nobis ; habemus corpus eius et sanguinem eius ;
ille sicut pater castigat nos, et non vult perditionem nostram, sed (ut)
convertamur et vivificet nos et salvet nos [21].   **76**   Tu autem, recede
ad ignem ardentem qui non exstinguitur, qui praeparatus est tibi et
omnibus angelis tuis [22] et eis qui sequuntur te et faciunt voluntatem
tuam ».

XIV. 1 Hic sermo Zachariae patriarchae (*bṭryrk*) ad gregem suum

---

[20] Cfr *Matth.*, xxv, 41. — [21] Cfr *Ezech.*, xviii, 23 ; xxxiii, 11. — [22] Cfr *Matth.*, xxv, 41.

bonum in Monte Olivarum; et cum perfecit sermonem suum cum eis, audivit rumorem magnum et respexit, et ecce advenerant Persae hostes ut propellerent eos (captivos). **2** Et cum spectavit eos et cognovit quia exiens (erat) e Ierusalem et separatus est a civitate, dixit congregationi sicut dixit Christus discipulis suis: **3** « O filii mei, surgite nobiscum [1], abeamus hinc; nam appropinquavit hora et appropinquavit dies tristitiae; surgite, abeamus; corpora nostra erunt cum inimicis, corda autem nostra cum Christo; benedictus Dominus ». **4** Et convertit se ad orientem et oravit et dixit: « Benedictus est dominus noster Iesus Christus in omni tempore ». **5** Et conspexit in Sion, et quasi sponsus consolatur sponsam, ita Zacharias benedictus consolabatur Sion cum fletu, et expandit manus suas **6** dicens: « Tibi pax, o Sion; pax tibi, o Ierusalem; pax tibi, o terra saneta, et super omnem terram pax; te salvet Christus qui elegit te; **7** pax tibi, o Sion, pax vitae-aeternae tibi; et haec est ultima salutatio mea ad te; o Sion, quae spes est mihi, et quot anni, ut conspiciam te iterum? **8** Laus illi qui separavit me a te. **9** Pax tibi, o Sion, o lux mundi, nam vita descendit in te; Spiritus descendit in te; in te evangelizaverunt pacem et in te emissa est maledictio; in te venit salus et in te venit via. **10** O muri Sion, o muri Ierusalem flete super me; Deus exaedificabit te, et descendat in te laus. **11** Sed quid utile-est mihi, seni infirmo? Quomodo conspiciam te? Non spectabo faciem tuam amplius. **12** Rogo te, o Sion, ut memineris mei cum veniet ad te Christus; o Sion, ne obliviscaris mei famuli tui, ne obliviscatur tui creator tuus; nam si ego oblitus ero tui, obliviscatur mei dextera mea, et adhaereat lingua mea palato meo si non meminero tui [2]. **13** Pax tibi, o Sion, quae eras civitas mea, et nunc factus sum alienus a te; adoro te, o Sion, et adoro illum qui habitat in te; hodie discedo a te, o Sion. **14** Vae mihi! O mors, quo abiisti? Cur recessisti a me et reliquisti me in vita ut conspicerem hanc tristitiam? **15** Mori et interfici gladio dulcius est quam separari a te, o Sion; gladius dulcior est quam separatio a te, o Ierusalem. **16** O Domine, transire-fac a me calicem hunc [3]. **17** O mater, cur genuisti me ad tristitiam? O Sion, cur educavisti me a pueritia mea, et quomodo separor a te, et cur intra Sion non mortuus sum? [4] **18** Et cur non interfectus sum cum agnis Christi? Nam dormirem somnum aeternum et requiescerem. Ne obliviscaris clamorem filiorum tuorum, o Sion; memento nostri, o Sion, cum meminerit tui Christus ».

XIV. [1] *Id est* eamus; v. BLAU, p. 411-412; cfr *Matth.*, XXVI, 46. — [2] *Ps.* CXXXVI, 5-6. — [3] Cfr *Marc.*, XIV, 36. — [4] *Iob*, X, 18.

19   Hunc sermonem pronuntiabat Zacharias patriarcha (*bṭryrk*) pastor bonus, quando conversus erat ad Ierusalem. O dilecti mei, quis computaret fletum eius in illa hora ?

XV. 1 Tum venerunt homines christiani (et) narrabant dicentes : « Advenerunt hostes volentes vos comprehendere ». Et cum conspexerunt eum flentem et lamentantem de separatione a Ierusalem, non potuerunt corda eorum pronuntiare verbum unum ad pastorem bonum.   **2**   Tum accesserunt ad eos Persae et ceperunt manum patriarchae (*bṭryrk*) et propulerunt eum sicut propellitur agnus ad immolationem.   **3**   Et cum conspexit eos sanctus, flevit fletu vehementi et coepit converti ad Ierusalem et salutare eam donec amotus est ab ea, dicens :   **4**   « Pax tibi, o Ierusalem ; ne obliviscaris famuli tui, nam tu scis amorem meum in te et famulatum meum tibi ; ego peto a te ut memineris mei et huius congregationis cum petes a Christo.   **5**   Pax tibi, o Sion ; pax tibi, o Ierusalem ; pax tibi, o Anastasis ; pax vobis, o loca Dei sancta ; donum (Dei) sit nobiscum et vobiscum. Amen ». Et dixerunt omnes christiani : « Amen, fiat ita ».   **6**   Et erant descendentes a Monte Olivarum ad viam Iericho et Iordanis.   **7**   O dilecti mei, qualis tristitia, qua non fuit maior in omnibus christianis in illa die !   **8**   Quomodo patres flebant super filios suos, et filii super patres suos ! Quomodo noti flebant super amicos suos ! Quomodo erant omnes fideles dispersi, sicut bestiae, ab invicem, uxor a marito suo et pater a filio suo et frater a fratre suo !

XVI. 1 Et cum devenerunt in via, erat inter eos homo sanctus ex incolis Hierosolymae, et erat unus e diaconis Anastasis, et erat nomen eius Eusebius (*'ws'byws*).   **2**   Et erant ei duae filiae, una habens octo annos, et altera decem annorum ; et erant praeditae formositate.   **3**   Et apprehendit illas unus e magnatibus Persarum ; cum conspexit pulchritudinem earum, amavit eas valde, et rogavit eas ut adorarent ignem et relinquerent religionem christianam.   **5**   Audite, o fratres, intelligenter, qualis fuerit tolerantia puellarum, et laudate Deum.   **6**   Statuit eas inimicus coram se, et accendit ignem magnum, et rogavit eas ut adorarent illum ignem.   **7**   Et pater earum diaconus bonus significabat eis ne facerent hoc.   **8**   Et coepit inimicus perterrere eas ; et pater earum multiplicabat ad eas sermonem librorum sanctorum, et erant sanctae cruciatae utrinque.   **9**   Tum iratus est inimicus et destrinxit gladium suum super puellas.   **10**   Maior autem (natu) erat

---

XVI. Haec narratio armeniace : *Varkʿ srbocʿ harancʿ*, II, Venetiis, 1855, p. 462-463.

ante stans; et dixit ei pater eius : « Ne timeas, o filia mea; confide in potentiam Christi, confide; alliga manus tuas a tergo tuo, et tolera necem sicut toleravit pro te Christus, et transfixum est latus eius hasta. **11** Et stetit puella coram inimico sicut praecepit ei pater eius; et percussit eam inimicus gladio suo percussione; et facta est martyr et coronata est corona martyrii. **12** Audite, o fratres, quid egerit (*litt.* actionem) soror eius et quid factum sit ei. **13** Coepit inimicus rogare eam et non obtinuit desiderium suum; nam putabat quia illa perterrita erat ab eo quod acciderat sorori eius et oboeditura erat ei. **14** Et pater eius rogabat eam, quia volebat custodire eam ab ore lupi; dixit ei pater eius : « O filia mea, ne sollicita sis, sed fias victima Christo et gloriatio mihi; tolera hora una cum sorore tua, et ego cupio sequi vos ». **15** Et cum dixit ei pater eius hoc, levavit inimicus gladium suum et interfecit puellam parvam. **16** Et cum conspexit pater eius quod accidit filiabus suis, laetatus est et contristatus est; laetatus est quia praebuit eas (ut) victimam et oblationem Deo; et contristatus est quia remansit post eas et separatus est ab eis. **17** Tum exprobravit inimicum et dixit ei : « O miser, quid fecisti ? Quam potentiam habes ? Nam potens fuisti adversus infantes parvas; sed si es sincerus, iube me quoque adorare deos tuos igneos ». **18** Et cum audivit sermonem eius, impletus est furore et surrexit in eum stridens dentibus suis, et sumpsit lapides et coepit percutere eis os eius. **19** Et postea iussit ut accenderent ignem; et tum iussit diaconum alligari et inici in illum ignem. **20** Et factus est martyr Deo et sacerdos vere per opera eius bona. **21** Imitamini nunc, o auditores, hunc diaconum, nam ille imitatus est Abraham antiquum, immo superavit eum; Abraham praebuit filium suum Isaac immolationi sicut iussus est, et hic diaconus praebuit filias suas neci propter fidem in Christum; Abraham praebuit filium suum Isaac immolationi, et non immolavit eum revera; hic autem diaconus obtulit filias suas et perfecit hoc revera; Abraham non praebuit se ipsum, hic autem praebuit filias suas et se ipsum. **22** Et quot [1] interfecti sunt propter Christum ? Putamus quia fuerunt centum et triginta; et hodie videmus milia et myriades (hominum qui) interfecti sunt propter Christum. **23** Sicut illi mortui sunt propter crucifixionem Christi, ita et hic mulieres et pueri et viri interfecti sunt.

XVII. 1 Audite nunc ut narrem vobis quod conspexerunt oculi mei; vidi rem qua obstupefit mens. Erant duo fratres ex eis qui captivi ab-

---

[1] quot Iudaei A.

ducti sunt e Ierusalem, **2** amantes alter utrum; et ambo nati erant in hora una gemelli et baptizati erant in hora una, et creverunt simul; et alter non accipiebat lac ante fratrem suum, sicut narravit mater eorum misera; et alter non tolerabat (separari) ab altero. **3** Et magni fuerunt et facti sunt duodecim annorum, et erant sicut anima una in duobus corporibus; et si flebat unus, flebat alter cum eo; et si ridebat unus, ridebat alter cum eo; et erat inter eos amor qui non describi potest. **4** Audite nunc quid acciderit eis. Quis non flebit et contristabitur super eos? **5** Cum capti sunt, separati sunt alter ab altero. **9** Abducti sunt unus ad orientem et alter ad occidentem, sicut agni. Et quis poterit describere in qua fuerint tristitia? Non siverunt eos Persae salutare alterutrum; et facti sunt sicut Ioseph cum separatus est a fratribus suis. **11** Quis dixisset quia unus eorum visurus esset (iterum) fratrem suum? **12** Erant sicut homines egressi e sepulcris, se convertentes ad dexteram et ad sinistram. **13** Et non erant in via una, et vehi fecerant eos in equis, et non poterant consistere. **14** Et dum illi eunt, conspexit unus alterum; et cum agnovit eum, exaltavit vocem suam ad eum dicens : « Adiuro te, o iuvenis, in nomine Christi, es tu e Hierosolyma? Nonne es tu filius Iohannis ducis? » **15** Et dixit ei : « Utique, ego frater tuus sum ». **16** Tum clamaverunt et vociferatus est alter ad alterum cum sermone (et) cum fletu oculorum. **17** Et non potuerunt descendere ab equis, quia qui captivos fecerunt eos impediverunt eos ab hoc, et equi currebant eos ferentes. **18** Et petrae flebant super eum quando convertebatur unus eorum ad fratrem suum; et fletus multiplicabatur ab hominibus cum audirent alterum dicentem ad alterum : « O frater mi, exspecta me, per lac quod suximus; exspecta me, per Christum; sta ad me, o frater mi, ut conspiciam faciem tuam et odorer fragrantiam tuam, et solatium-accipiam per te et abeas in pace ». **19** Et alter dicebat ei : « O frater mi, putas quia possum conspicere te, et impedior; non habeo potestatem in me ipsum, et non possum consistere ad te. **20** Abi, o frater mi; Deus est qui consolabitur te; roga eum ut det tibi patientiam; iam reliquisti me prima vice, et haec secunda peior est mihi quam vicis prima. **21** Spero quia conspiciam te in die ultima; pax tibi, o frater mi, pax tibi a Deo; ille potens est ut videre-faciat me faciem tuam, nam ille est clemens (et) misericors ». **22** Et hunc (sermonem) loquebantur, donec separati sunt; et cum remotus est alter a socio suo, multiplicata est tristitia eorum.

XVIII. 1 Et iam opus est nobis, o dilecti mei, ut perficiamus quod incepimus et narremus vobis qualis fuerit ingressus noster in terram Persiae. **2** Ante ingressum nostrum, concluserunt nos in aula magna et posuerunt super limen ianuae loci crucem Christi. **3** Et sicut agni cum exeunt ex ovili, ita educebant nos propere dicentes nobis : « Conculcate crucem». **4** O fratres, qui oboediebant eis moriebantur morte aeterna; et qui resistebant eis, interficiebant eos gladio. **5** Nam gladiatores erant stantes ad ianuam et interficiebant martyres. **6** Et pauci ex eis exibant propere et renegabant Deum. **7** Maior autem pars hominum facti sunt martyres, nam ubi est multitudo cruciatus, illic est multitudo requiei; et martyr fuit populus in illa hora, viri et mulieres. **8** Et cum pervenimus in illum locum, non pellebant nos ad flumen Iordanem, sed ad flumen Persiae; non pellebant nos ad mār Iohannem Baptistam, sed ad regem Persiae qui dicebatur Chosroes (*ḥzr'ys*). **9** Et cum pervenit Zacharias patriarcha (*bṭryrk*) ad ianuam, recordatus est captivitatis filiorum Israel et dixit : « Benedictus est Dominus Deus noster, quomodo omnia quae fuerunt in tempore Moysis ab antiquo facta sunt in epocha discipulorum Christi in evangelio ». **10** Tum petivit patriarcha (*bṭryrk*) a Persis ut sinerent homines requiescere a labore suo; et cum consenserunt ei ad hoc, congregavit omnes sacerdotes et monachos et stetit in medio eorum et adoravit orientem versus, et adoraverunt cum eo. **11** Et surrexerunt omnes; et iussit patriarcha (*bṭryrk*) unum e nonnullis sacerdotum suorum qui erant cum eo incipere canonem (*q'nwn*) et recitare ex eo tres psalmos, quorum primus erat centesimus undevicesimus : « Ad Dominum in tribulatione mea clamavi, et respondit mihi »[1], et secundus centesimus vicesimus primus : « Laetatus sum in his quae dicunt mihi : in domum Domini ibimus »[2]; et erat recitatio eorum cum fletu et tristitia multa. **12** Et patriarcha (*bṭryrk*) recitabat et dicebat : « Captivus factus est locus meus et habitavi in habitationibus filiorum Cedar»[3]; et alius recitabat et dicebat : « Firmi sunt pedes nostri ut intrent aulas tuas, o Ierusalem»[4]; et alius dicebat : « Quando avertit Deus captivitatem Sion, facta sunt corda nostra laeta»[5]. **13-14** Et cum perfecerunt recitationem suam hanc, ascendit patriarcha (*bṭryrk*) Zacharias super arcem excelsam (et) laudavit Deum super eam; et flere-fecit omnes homines. **15** Et extendit manum suam ad flumen et dixit : «Apud flumen Babylonis sedimus et flevimus quando recordati sumus Sion;

XVIII. [1] *Ps.* cxix. 1. — [2] *Ps.* cxxi, 2. — [3] *Ps.* cxix, 5. — [4] *Ps.* cxxi, 2. — [5] *Ps.* cxxv, 1-2.

si oblitus ero tui, o Ierusalem, obliviscatur mei dextera mea ». [6] **16**   Et
cum perfecit hoc dictum, fleverunt omnes homines et adoraverunt ad
terram ; et pastor bonus collaudabat Christum cum fletu, et reprime-
bat se ipsum prae miseratione pro grege.   **17**   Et manserunt per
tempus longum orantes Deum ; et praecepit eis patriarcha (*bṭryrk*) ut
congregarent omnes pueros qui cum eis erant a decem annis ad quindecim annos ; et cum congregaverunt eos, erat numerus eorum tria
milia iuvenum ; et non impediverunt eos hostes, sed conspiciebant quod
faciebant.   **18**   Et iussit eos pastor bonus stare post se et clamare
voce alta : « O Domine, miserere nobis ».   **19**   Et sanctus levabat oculos
suos ad caelum, manibus extensis, dicens : « Non est nobis apud te, o
Domine, parrhesia [7], propter multitudinem peccatorum nostrorum ;
nam labia nostra fallacia sunt et manus nostrae impurae et animae
nostrae non rectae ; remuneratus es nos pro culpis nostris, nam illae
sicut onus grave sunt ; et non est nobis existimatio nec parrhesia (apud
te) ut rogemus te.   **20**   Sed accipe, o Domine, clamorem agnorum
tuorum ; o Domine, exaudi (nos) et condona nobis, et ne respicias multitudinem peccatorum nostrorum et ne avertas faciem tuam ab his infantibus.   **21**   Memento, o Domine, devastationis ecclesiarum tuarum ;
memento, o Domine, quid fiat cruci tuae ; memento, o Domine, templi
Resurrectionis tuae sanctae.   **22**   Memento, o Domine, sermonis tui
quem dixisti : Ego sum vobiscum in finem dierum [8].   **23**   Tu es condonator clemens ; ne condemnes, o Domine, servos tuos malis operibus
nostris ; accipe, o Domine, hanc invocationem a servis tuis et creaturis
tuis ; afflicti sumus et captivi facti sumus ; et nos stantes sumus coram
inimico ; tu, o Domine, refugium es omnium qui confugiunt ad te ».
24   Ita humiliabat se pastor bonus ad Deum ; et cum conspeximus [9]
infantes trementes ob clamorem, coepimus petere a Deo cum timore et
tremore   **25**   ut non cogeret nos rex credere in idola sua.   **26**   Tum
consolatus est nos patriarcha (*bṭryrk*), et aperuit os suum purum in
gratia Spiritus sancti et dixit : « Dominus clemens desiderat salutem
mundi ut revertantur ad veritatem, et non cupit mortem peccatoris,
sed exspectat paenitentiam eius (et) fortificat paenitentes ad eum » [10].
27   Et dixit : « O filii mei, cum tradent vos potentibus, sicut dixit Christus, ne curetis quid loquamini, quia Dominus loquetur pro vobis in illa
hora [11].   **29**   Si qui tradidit nos in hoc supplicio esset homo, certe
contristaremur ; sed haec res a Deo est : ne pusillanimes sitis ; nam in

---

[6] *Ps.* cxxxvi, 1, 5. — [7] dāla B ; cfr xiii, n. 19. — [8] *Matth.*, xxviii, 20. — [9] conspexit
B ; *cfr* A conspeximus. — [10] Cfr *Ezech.*, xviii, 23 ; xxxiii, 11. — [11] *Matth.*, x, 19.

mànu eius est vita et mors, et ita dixit : Ego vivere facio et mortifico [12].
30   Rex terrestris cum iubet aliquid, perficitur; et quanto magis cum
iubet rex regum !   **31**   Nunc dicamus dictum trium iuvenum : Nobis
est Deus in caelo; ille potens est salvare nos e manibus huius gentis [13].
32   Nunc, o dilecti mei, sicut voluit Deus, ita fuit.   **33**   Pervenimus
ad locum fornacis in quam iacti sunt tres iuvenes; antequam advenia-
mus ad fornacem ignis, conspiciemus puteum Danielis; et cum conspiciemus loca eorum, sanabimur ct imitabimur eos.   **34**   Ne timeatis,
nam dominus noster Christus exstinguet pro nobis fornacem ignis et
frenabit ora leonum.   **35**   Nam cum multiplicantur tristitiae, ita
multiplicabitur misericordia Dei in adversitate nostra   **36**   per gratiam
Spiritus sancti; et apprehendamus crucem, nam illa est fortitudo nostra; nos domicilium Spiritus sancti sumus.   **37**   Toleremus necem
propter Christum.   **38**   O fratres, Christus et angeli eius sunt nobiscum. Quis deus est sicut Deus noster ? [14] Ille pugnat pro nobis; ille
dixit : Ego sum vobiscum in aeternum [15] ».

   XIX. **1** Volo nunc, o fratres, notificare vobis quod factum est; audite nunc a me. Cum scivit rex Persa quia appropinquaveramus ei,
convocavit convivas suos magos.   **2**   Et dixit eis : « Ecce potentia ignis
tradidit nobis civitatem christianorum Ierusalem et crucem quam ado-
rant et ducem eorum; et cras intrabunt ad nos; et facite cum eis opus
cui non poterunt illi simile; et cum viceritis eos, remunerabo vos prae-
miis multis ».   **3** Tum unus et magis dixit regi : « Vivas in aeternum;
de duce autem christianorum ne maereas : cras scies quales servi sint
tibi et quales convivae sint tecum».   **4**   Et cum intravimus in civitatem pepulerunt nos sicut agnos ad immolationem, et statuerunt nos
coram rege, et crux etiam erat coram eo, sicut erat Christus coram
Pilato; et irridebant cruci.   **5**   Tum stetit pastor bonus Zacharias
patriarcha (*bṭryrk*) apud regem sicut stetit Moyses coram Pharaone et
sicut stetit Daniel coram Nabuchodonosor (*bḫtnṣr*) rege Babylonis; et
manifestavit Deus miraculum per crucem sicut ostendit Deus Pharaoni
per virgam Moysis.   **6**   Et accepit illum magum confusio sicut accepit
Aegyptios. Et cum conspexit rex homines qui accesserunt ad eos, gloriatus est et putavit quia pervenerat ad caelum.   **7**   Et Christus per potentiam suam descendere fecit eum ad infima.   **8**   Rex autem iussit ut acce-
dere-facerent ad eum ducem Zachariam, et dixit rex : « Quis est hic, et

---

— [12] *Deuter.*, xxxii, 39. — [13] *Dan.*, iii, 17. — [14] *Ps.* lxxvi, 14. — [15] *Matth.*, xxviii, 20.

quae potest facere miracula, ut conspiciamus et credamus in eum ? ».
9 In sancto autem Dei erat Spiritus sanctus habitans ; non timuit in illa
hora, nam oculi eius erant directi ad caelum et cor eius clamabat ad
Christum, et conspiciebat crucem sanctam et auxilium petebat ab ea sicut
ab angelis.   **10**   Et dixit regi : « Ego sum homo peccator, et traditi sumus
in manus tuas propter peccata nostra ; et non tempto Deum meum, sed
cum gratitudine accipio omnia quae advenerunt mihi ».   **11**   Et dixit
ei rex : « Et quomodo dicitis quia non est deus sicut Deus vester ? Scitote
nunc quia religio mea maior est quam religio vestra ».   **12**   Tum vocavit rex magum cui locutus erat antea et dixit ei : « Narra mihi qualis sit
potentia ignis tui».   **13**   Et dixit magus patriarchae (*bṭrk*) : « Notifica
mihi quid fecerim ego heri et quid velim facere hodie, ut sciam quia
potentia Dei tui magna est ; sin autem, ego narrabo tibi quod fecisti tu
heri et quod facies hodie» ; et dixit magus : « Si ego narravero tibi, credes
in ignem et relinques christianismum ».   **14**   Et cum audivit hoc pastor
bonus Zacharias, invasit eum Spiritus sanctus, et dixit regi : « Non licet
famulis tuis ut sint coram te irridentes et mentientes ».   **15**   Et cum
audivit rex, iuravit coram igne et dixit : « Si fuerit famulus meus mentiens, iubebo interfici eum ; et si fuerit veridicus, interficiam te, o dux
christianorum ».   **16**   Tum laetatus est sanctus et accessit ad magum et
dixit ei : « Narra mihi, o inimice Dei, potesne narrare mihi quid fecerim
et quid velim facere ? ».   **17**   Et dixit ei magus : « Utique ».   **18**   Tum
extendit pastor bonus manum suam et cepit virgam quam tenebat
magus et dixit ei : « Narra mihi, percutiamne te hac virga, annon ? ».
19 Et cum audivit magus, obstupuit, et dixit in se ipso : « Iam perii ;
si ego dixero quia percutiet me, non percutiet me ; et si dixero : Non
percuties me, percutiet me ; Vae mihi, remansi perditus ; ubi est potentia ignis ? »   **20**   Et remansit stupens et non poterat respondere. Tum
iussit rex interfici eum.   **21**   Et cum viderunt magi hoc, timuerunt et
nemo (ex eis) accessit ad crucem, quia timuerunt eam.

XX. 1 Et nunc, o fratres, narravi vobis quod factum est ; nam ego
non ingressus sum cum patriarcha (*bṭryrk*) Babylonem, quia ego miser
non toleravi cum captivis ; et fuerunt ibi nonnulli qui fugerunt a Persis,
et fugi ego cum eis Ierusalem, nam non toleravi ad finem ego miser ;
et non scripsi nisi (quod) conspexerunt oculi mei, et petivi a fratribus
qui [1] fugerunt post me a Persis, et narraverunt mihi, et scripsi quod

---

XX. 1 B *postea add.* non.

audivi ab eis. **2** Monachus autem qui dicebatur Symeon (*smywn*)
narravit mihi quia patriarcham (*bṭryrk*),   **4** cum comprehenderunt
eum Persae, accepit una ex ancillis regis; et accepit lignum crucis cum
eo **5** et multitudinem e captivis, et praestabat eis victus, et mittebat
ad patriarcham (*bṭryrk*) omnem honorem, cum incenso excelsi-pretii
ut odoraret eo crucem. **6** Et post dies inviderunt Iudaei patriarchae
(*bṭrk*) propter honorem quem accipiebat ab ancilla regis, et accusaverunt
eum fornicationis cum puella. **7** Et rogaverunt Iudaei puellam ut
narraret regi illud; et accessit puella et narravit regi. **8** Et prodire
fecit patriarcham (*bṭryrk*); et cum stetit coram eo, devenerunt Iudaei
quoque ad eum, adducentes puellam ferentem infantem parvum et
clamantem et dicentem : « Hic infans est ex hoc sene »; et erat infans
quindecim dierum vel amplius. **9** Et erat patriarcha (*bṭrk*) stans (et)
non loquebatur; et dixerunt ei principes : « O senex, loquere ». **10** Et
extendit manum suam et accepit infantem et cruce-signavit os eius et
dixit ei : « O infans, loquere in nomine Iesu Christi et dic veritatem
coram hac turba : utique ego sum pater tuus ? ». Et respondit infans
dicens : « Non, vere non tu es pater meus ». **11** Et obstupuerunt omnes
qui adfuerunt cum audierunt infantem loquentem; et inde ab illa die
obtinuit Zacharias maiorem honorem apud regem; et tenebat eum ut
prophetam.

XXI. 1 Et narravit nobis abbas Symeon (*smywn*) narrationem
aliam et dixit : Erat ibi homo insignis et habebat mulierem sterilem, et
non obtinuit puerum. **2** Et cognovit maritus eius patriarcham
(*bṭryrk*) et quia in eo erat sanctitas; rogavit eum ut oraret pro muliere
eius ut obtineret puerum. **3** Tunc stetit sanctus orientem versus
coram cruce et flevit et perfecit orationem suam; et cepit aquam et
abluit faciem suam, et dedit illam aquam homini principi et dixit ei :
« Accipe hanc aquam et committe eam mulieri tuae et effice ut ungat
faciem suam ea et bibat ex ea ». **4** Et abiit ille princeps cum aqua ad
mulierem suam; et (mulier) accepit eam et rogavit quemdam famulorum suorum et dixit ei : « Unde est haec aqua ? »; et dixit ei : « Hanc
aquam misit ad te ille senex christianus »; et illa iussit eam effundi.
5 Et cum reversus est maritus eius, dixit ei (mulier) : « Opus erat tibi
ut dares mihi loturam christiani et iuberes me bibere ex ea et abluere ea
faciem meam ? ». **6** Et dixit ei sponsus eius : « Et non bibisti eam, nec
unxisti ea faciem tuam ? »; et dixit : « Non, sed effudi eam ». **7** Et dixit
ei (maritus) : « In quo loco effusa est ? »; et abiit (in locum) ubi effusa est

aqua; et ecce germinaverant in illo loco duo rami myrti. **8** Et exstirpavit eos homo et ostendit eos mulieri suae et dixit ei : « Vide, o misere, quomodo perdideris te ipsam ; nam Deus voluit praebere tibi duos filios, si bibisses eam ; sed non digna fuisti illa (re), nec obtinuisti desiderium tuum ». **9** Et paenituit mulierem, et nullam utilitatem accepit et remansit sine filio.

XXII. Et nunc, o fratres, ne solliciti sitis ; audite a me. Cum longum peregit tempus patriarcha (*bṭryrk*) in terra Persiae, scripsit epistulam ad incolas Ierusalem, in qua erat scriptum ita. Haec est epistula Zachariae patriarchae (*bṭryrk*) ad incolas Hierosolymae, quam scripsi a terra Persiae. **1** Ad sponsam viduam, ecclesiam Sion, et ad civitatem sanctam a qua ablati sunt filii eius, civitatem regis maximi, et ad gregem qui non habet pastorem [1] Ierusalem, et ad ecclesias Dei et ad eos qui remanserunt in eis agnos Christi, a Zacharia patriarcha (*bṭryrk*). **2** Hanc epistulam, epistulam laetitiae, direxi vobis, o filii ecclesiae ; misi vobis misericordiam et miserationem a Christo, patre nostro misericorde condonatore. Hoc est initium scripti mei ad vos. **3** Sit nomen Domini benedictum, quia ille non ad mensuram culparum nostrarum reddit nobis [2]. **4** Vae mihi qui amotus sum a Sion et habitavi in domiciliis Cedar [3], sicut dixit David propheta ; ita ego recito et dico nocte et die et non cesso ab hoc verbo : « Si ego oblitus ero tui, o Ierusalem, obliviscatur mei dextera mea » [4]. **5** Scitote, o fratres, quia consedimus super flumen Babylonis et flevimus cum recordati sumus Sion [5] et Golgotha sanctum et Sepulcrum et Bethleem illustrem. **6** Ecce, o fratres, levavimus oculos nostros ad montes, unde veniat auxilium nostrum [6]. **7** Audite, o (vos) quos salvavit Iesus Christus a manibus inimicorum et liberavit a tristitia ; aurem-praebete sermoni mei, Zachariae pastoris ; ne miremini quia Deus liberavit vos a captivitate inimici, **8** sed cavete ne erretis nunc ; parati estote, et ne timeatis ; ne fiatis sicut Lazarus cum divite **9** et vivatis in requie et cruciemini cruciatu qui non habet finem. **10** Videte ne multiplicetis bibitionem vini, et illic non inveniatis haustum aquae. **11** Ne gloriemini, o fratres, et dicatis (quia) propter bonitatem vestram liberavit vos Deus, sed propter paucitatem fidei vestrae. **12** Custodite vos ipsos, quia vobis multae sunt culpae, cum conspicitis fratres vestros in supplicio ; nonne scitis quia cum statis coram creatore caeli et terrae,

XXII. Epistula graece : P. G., 86, 2, col. 3227-3234. — [1] Cfr *Matth.*, ix, 36. — [2] *Ps.* cxii, 2; cii, 10. — [3] *Ps.* cxix, 5. — [4] *Ps.* cxxxvi, 5. — [5] *Ps.* cxxxvi, 1. — [6] *Ps.* cxx, 1.

cum timore et tremore statis. **13** Ne gaudeatis cum captivi facti sunt
nonnulli e vobis et evasistis vos. **14** Intelligite verbum Domini cum
dixit : « Forsitan congregatio cuius miscuit Pilatus sanguines victimis
idolorum erant pessimi hominum ? Non dico ita, sed et vos, nisi paenitentiam-egeritis, sicut illi peribitis ita. Considerate duodeviginti super
quos cecidit turris Siloe : nonne illi erant peccatores plus quam omnes
incolae Ierusalem ? Nunc dico vobis : nisi paenitentiam-egeritis, tum et
vos peribitis » [7]. **15** Audite verbum meum et timete ; ne obliviscamini nostri, quia omnes corpus unum sumus, quamquam sumus captivi ;
audite Paulum, quomodo dixerit : « Si acciderit membro uni aliquid,
membra omnia patiuntur [8] » ; et dixit rursus : « Quis infirmus est, et non
infirmus sum cum eo ? » [9]. **16** O fratres, ne dicatis : « Nos facti sumus
alieni a filiis matris nostrae Sion ». **17** Inclinate corda vestra ad eos
qui sunt in martyrio ; estote sicut illi et flete super eos qui sunt in tristi-
tiis **18** captivi ; ne spoliemini a tristitia de illis, ut non spoliemini a
coronis ; nam veniet hora in qua dabuntur coronae. **19** Et omnes qui
vivunt in deliciis fient sicut ille dives ; et qui patientes fuerunt in
miseria, cum Lazaro paupere laetabuntur illi dicentes : « Cur non toleravimus adversitates cum Christo ? Sed eramus in requie ». **20** Et dicite
rursus : « Quam multae sunt tristitiae piorum ! » [10], et sicut probant
aurum in igne, ita probantur boni [11]. **21** Ne gloriemini, o filii mei,
quia liberati estis ex his adversitatibus, sed conamini et solliciti estote
de operibus bonis ut occurratis cum eis Deo vestro ; reicite a vobis opera
impura et multiplicate orationes et supplicationem. **22** Si Petrus
apostolus renegavit et deiectus est a gradu (suo), quomodo vos, si non
recordamini eius, condemnabimini in die ultima. **23** Aperite oculum
vestrum. **24** Audite dictum Domini cum dixit : « Mensura qua mensi
eritis metietur vobis » [12]. **25** Mementote quando praecepi vobis cum
starem in Sion, quia dixi vobis : « O filii mei, video vos quia neglexistis
orationes vestras, et quousque, nescio, miserebitur Deus super vos
annon ; et non novi quomodo futurus sit finis vester » ; et respondebatis
mihi dicentes quia : « Deus misericors est ; non creavit nos ut cruciaret
nos, sed miserebitur nostri » ; audite quomodo dixerit David propheta :
« Deus perdet malos [13] et remunerabitur unumquemque ad mensuram
operum eius » [14]. **26** Et vidistis quomodo venerit ira Dei ; tum surreximus e somno profundo, quia decipiebamus nos ipsos et sperabamus
spem inanem ; ideo castigati sumus, sed non omnes. **27** Et cavete

---

[7] *Luc.*, XIII, 1-5. — [8] 1 *Cor.*, XII, 26. — [9] 2 *Cor.*, XI, 29. — [10] *Ps.* XXXIII, 20. — [11] Cfr *Prov.*,
XVII, 3. — [12] *Marc.*, IV, 24. — [13] Cfr *Ps.* V, 5-6 ; C, 8. — [14] *Ps.* LXI, 12.

nunc ab ebrietate et peccatis et mendacio; solliciti estote de ecclesiis
et festinate ad eas, et visitate debiles, et ne timeatis; o dives, ne abscondas possessiones a fratre tuo, et Christus requiem-dabit tibi et liberabit
te ab inimicis; nam cum possit salvare fratrem suum et non salvet eum,
ab eo [15] rogabit Deus sanguinem eius.   **28**   Peto a vobis ad mensuram
potentiae vestrae ut perficiatis mandata sive divitiis sive oratione et
ieiunio et fletu, nam multitudo tristitiarum est salus animarum.
29   O fratres, nos captivi rogamus vos ut petatis a Deo ut misereatur
nobis et misereatur infantibus et viduis et reducat nos ab hoc cruciatu
ad Ierusalem (*'wršlym*).   **30**   O Sion, filii tui recordantur tui, et recordare eorum in pace; o Sion, accipe salutationem nostram; o Sion, recordare filiorum tuorum, o Sion, et ne obliviscaris invocationis nostrae.
31   Pax vobis, o loca Dei insignia; pax a nobis tibi, o Anastasis et
Sepulcrum, et filii tui captivi salutant te, o Ierusalem; pax a nobis tibi
et omnibus locis tuis; pax a nobis tibi, o Mons Olivarum benedicte; pax
a nobis omnibus tibi, o Bethleem sancta; recordare nostri famulorum
tuorum et filiorum tuorum captivorum.   **33**   Et pax a domino nostro
Iesu Christo nobiscum et vobiscum in aeternum. Amen.

XXIII. 1 Audite, o fratres, quot invenerunt mortuos in Ierusalem
post captivitatem Persarum et egressum eorum ex illa.   **2**   Erat homo
qui dicebatur Thomas, qui remansit ex incolis Hierosolymae cum
muliere sua.   **9**   Narraverunt nobis et dixerunt nobis :   **10**   « Nos
fuimus in Ierusalem, (et) ego Thomas quaerebam interfectos.   **11**   Et
deveni ad monasterium mār Georgii (*ğrğs*) [1] sancti, et inveni in altari
septem animas interfectas; et fortificavit me Deus et sepelivi illos
(mortuos).   **12**   Et sepelivi ex aula principatus duodeviginti animas.
13   Et sepelivi e cisternis ducentas septem et quinquaginta animas.
14   Et sepelivi ex ante portam Sion duo milia ducentas et quinquaginta animas.   **15**   Et sepelivi ex altari Neae (*nya*) ducentas et nonaginta animas.   **16**   Et sepelivi ex ecclesia mār Sophiae (*sfy'*) trecentas
septem et sexaginta animas.   **17**   Et sepelivi e monasterio mār Cosmae
(*qsm'*) duo milia centum et duodecim.   **18**   Et sepelivi e schola quae
erat in Nea (*nya*) septuaginta animas.   **19**   Et sepeli e monasterio in
Anastasi ducentas et duodecim animas.   **20**   Et sepelivi e mercatu octo
et triginta animas.   **21**   Et sepelivi e vico Samaritano (*smrtq'*) septin-

---

[15] *Litt.* a collo eius.

   X XIII. [1] Transcriptionem nominum locorum § 11-42 secundum cod. B invenies apud
J. T. MILIK, *Mélanges de l'Univ. Saint-Joseph*, XXVII, 7, 1961, p. 137.

gentas tres et viginti animas. **22** Et sepelivi e valle mār Cyriaci (*qrqs*) mille quadringentas et novem animas. **23** Et sepelivi ex occidente Sion centum sex et nonaginta animas. **24** Et sepelivi e Probatica ('*brb'tyqy*) duo milia centum et septem animas. **25** Et sepelivi e valle mār Iacobi mille septingentas animas. **26** Et sepelivi e carnario ² trecentas et octo animas. **26a** Et sepelivi e *qbyl* ³ octo milia centum et undecim animas. **26b** Et sepelivi ex ante Pasarionem (*bs'rywn*) mille septingentas et octo animas. **27** Et sepelivi e fonte Siloe (*slw'n*) duo milia trecentas et duodeviginti animas. **28** Et sepelivi in Mamila (*m'ml'*) quattuor et viginti milia quingentas et duodeviginti animas. **30** Et sepelivi e Civitate Aurea mille ducentas et duas animas. **31** Et sepelivi e monasterio mār Iohannis quattuor milia ducentas et quinquaginta animas. **32** Et sepelivi e gerocomio (*ǧrqmywn*) regis centum septem et sexaginta animas. **33** Et sepelivi e Monte Oliva- rum mille ducentas et septem animas. **34** Et sepelivi e matroniciis (*mṭrnqa*) Anastasis tres et octoginta animas. **35** Et sepelivi e Mercatu Parvo ducentos et duos. **36** Et sepelivi e Mercatu Magno trecentas undeviginti animas. **37** Et sepelivi ex ecclesia mār Serapionis (*sr'bywn*) octo et triginta animas. **38** Et sepelivi ex ante Golgotha octoginta animas. **39** Et sepelivi e speluncis et cisternis et hortis sex milia nongentas et septendecim animas. **41** Et sepelivi ex intra civitatem ducentas quinque et sexaginta animas. **42** Et sepelivi e (loco) ubi eversus est murus mille octingentas et novem animas. **43-44** Et omnes quos sepelivi in Ierusalem ex iis quos interfecerunt Persae sex et triginta milia quingentas et novem animas ».

XXIV. 1 Chosroes (*ḥzrw'ys*) autem rex Persarum habebat filium qui dicebatur Siroe (*sr'ya*); insiluit in patrem suum et interfecit eum in mense āḏār (= Martio). **2** Et erant Romani cum Heraclio rege, et pugnabant in Persas pugna vehementi, donec comprehenderunt civitates multas et interfecerunt milia (hominum); et eos qui captivi abducti erant a terra Romanorum comprehenderunt. **3** Et post hoc mortuus est Siroe rex in mense nīsān (= Aprili), et regnavit post eum Artasir ('*rṭ'sa*) filius eius tres menses, et erat parvus aetate; et pacem- fecerunt Persae cum Romanis, quia Heraclius voluit pacem (facere) cum eis; et fugerunt incolae Persiae a facie Heraclii quasi percuterentur gladio. **4** Et direxit ad eos Heraclius famulum (quemdam) suum

---

² V. Milik, nᵒ 16, p. 178. — ³ V. Milik, nᵒ 17, p. 178-179.

eunuchum, et eunuchus interficiebat Persas. **5** Et Persae dicebant quia : « Heraclius direxit ad nos hominem instar mulieris ut pugnaret in nos ». **6** Et post sedecim annos post devastationem Hierosolymae et postquam interfectus est Chosroes (*ḫzrwys*) in tertio anno et post viginti annos a regno Heraclii, erat homo e patriciis (*bṭ'rqa*) Persarum ; et ille interfecit Artasir (*rṭ'sa*) regem Persarum et regnavit ille post eum. **7** Et direxit ad Heraclium munera et direxit ad eum etiam crucem venerabilem (et) benedictam. **8** Et Heraclius rex adduxit eam in Ierusalem cum Martina (*mryna*, leg. *martyna*) filia sororis suae ; et timuit ille ascendere in Ierusalem, ne accideret ei quicquam. **9** Et rediit crux sancta in Ierusalem vicesima prima die (mensis) āḏār (= Martii), ad locum ex quo comprehenderunt eam Persae, et non mutata est ; nam qui salvavit arcam a filiis Israel, ille est qui salvavit crucem ab inimicis. **10** Tunc fecit Heraclius rex Modestum (*mwdsṭs*), monachum qui exierat quaerere exercitus a Iericho, patriarcham (*bṭrk*) super Ierusalem. **12** Et [1] abiit Modestus (*mwdsṭs*) ad eum in terram Syriae (*š'm*) propter aedificationem ecclesiarum. **13** Et cum pervenit Arsūf ('*rswf*) in Palaestina, mortuus est in mense nīsān (= Aprili), in vicesima quinta die huius (mensis). Et memoraverunt quia homines qui erant cum eo bibere-fecerunt eum venenum, et ex hoc mortuus est. **14** Et tulerunt corpus eius ad Ierusalem et deposuerunt illud cum patriarchis (*bṭryrk*) in sepulcreto eorum in Monte. **15** Finitae sunt narrationes Hierosolymae. Domino nostro Iesu Christo laus et gloria, in saeculum saeculorum. Amen.

XXIV. [1] Textum § 12-14 ed. et interpretatus est G. Garitte in *Le Muséon*, 73 (1960), p. 132.